朱小蔓——著

第六卷 与世界著名教育学者对话

朱小蔓文集

北京师范大学出版集团
BEIJING NORMAL UNIVERSITY PUBLISHING GROUP
北京师范大学出版社

图书在版编目（CIP）数据

与世界著名教育学者对话 / 朱小蔓著. —北京：北京师范大学出版社，
2025.1

（朱小蔓文集；第六卷）
ISBN 978-7-303-29422-0

Ⅰ. ①与… Ⅱ. ①朱… Ⅲ. ①教育—文集 Ⅳ. ①G4-53

中国国家版本馆 CIP 数据核字（2023）第 213029 号

出版发行：北京师范大学出版社 https：//www.bnupg.com
　　　　　北京市西城区新街口外大街 12-3 号
　　　　　邮政编码：100088
印　　刷：北京虎彩文化传播有限公司
经　　销：全国新华书店
开　　本：787 mm×1092 mm　1/16
印　　张：16.5
字　　数：185 千字
版　　次：2025 年 1 月第 1 版
印　　次：2025 年 1 月第 1 次印刷
定　　价：58.00 元

策划编辑：冯谦益　　　　　责任编辑：林山水
美术编辑：焦　丽　　　　　装帧设计：焦　丽
责任校对：康　悦　　　　　责任印制：马　洁

《朱小蔓文集》
顾问、编委会与工作组成员名单
（按姓氏拼音排序）

顾问：
顾明远 王湛

编委会主任：
朱旭东

编委会成员：
黄　斌　李　琼　刘贵华　缪建东
宋　萑　吴　姗　朱小棣

工作组成员：
戴联荣　丁锦宏　侯晶晶　李亚娟
廖　伟　刘次林　刘　慧　刘正伟
马多秀　裴　淼　王　慧　王　坤
王　平　王善峰　袁　丽　张华军
钟晓琳　朱　曦

总序一

　　朱小蔓同志是一位燃烧自己生命谱写教育诗篇的优秀教育家。她一生经历多个教育岗位，在每个岗位上都为教育事业做出了卓越的贡献。

　　小蔓同志是一位杰出的教师。她先后在安徽师范大学、南京铁道医学院（已并入东南大学）、南京师范大学、北京师范大学执教，40余年的职业生涯从来没有离开她挚爱的教书育人岗位。她在担任行政领导工作的30多年间，始终坚持"双肩挑"；她在生命的最后岁月，重病在床，仍念念不忘为前来探视的学生指导学业，帮助他们联系就业。她以深厚的学养传道、授业、解惑；更以博大的爱心、高尚的师德和富有魅力的人格为许许多多学生树立了人生的榜样。

　　小蔓同志是一位优秀的教育工作领导干部。她先后担任过南京师范大学副校长、中央教育科学研究所所长兼党委书记、联合国教科文组织国际农村教育研究与培训中心主任、中国陶行知研究会会长等职。她担任南京师范大学副校长期间，正值全国高校大扩招。在学校扩招、基础建设轰轰烈烈、学校办学规模急剧扩张之际，小蔓同志分管学校教学科研工作，以"咬定青山不放松"的执着精神，潜心抓内涵建设，为南京师范大学这所百年名校巩固提高教学科研水平贡献甚大。 2002 年，她奉调进京，出任中央教育科学研究所所长兼党委书记。 任职 5 年间，她团结带领全所同志，凝心聚力，坚持为教育部决策服务、为基层学校教育教学改革服务的宗旨，强化科研工作的中心地位，创建中国教育科学论坛、校长发展学校等新的工作平台，成立博士后科研工作站，壮大专业队伍，使中央教育科学研究所的工作领域有了新的拓展，服务效能得到空前提升。 她提出的"求真、笃行、弘道、创新"的所训，成为全所同志的共同追求和践行、恪守的工作精神。 小蔓同志 2005 年起担任中国陶行知研究会会长，长达 15 年。 此间她身患重病屡次住院手术治疗，但她仍一如既往地全身心投入工作。 丰富多彩的学陶研陶活动的开展，推动广大基层学校传承行知思想，弘扬行知精神，把学陶研陶与深化教育教学改革、发展素质教育生动结合起来。 她领导的中国陶行知研究会的工作，在教育社团参与改革发展中堪称典范。小蔓同志当领导干部，极具亲和力。 她以身作则，勇于担当；她平等待人，从无倨傲之色；她乐于倾听，善于集众人智慧；她急人之所急，乐于助人；她一尘不染，清风正气浩然。 她令人亲近，更令人敬重。

小蔓同志是一位学养深厚、成就卓著的学者。 她在东南大学完成硕士研究生学业期间，师从著名伦理学家王育殊先生与著名哲学家萧焜焘先生；她的博士生导师是著名的教育学家鲁洁先生。 20 世纪 90 年代，她曾赴莫斯科大学做访问学者，得到国际知名学者阿·依·吉塔连柯教授等的指导。 她的专业基础宽厚扎实。1986年，小蔓同志立足自己从事的教育事业，融汇自己对教育学、哲学、伦理学等多个学科学习钻研的所得，确定将情感教育作为自己的研究方向。这是一个全新的领域。她在这个领域里跋涉攀登30余年，全方位地建构了情感教育体系，并将情感教育与道德教育、教师教育有机结合，开展了广泛的实验推广工作。小蔓同志是学界公认的我国情感教育研究的开拓者和引领者。

汇集小蔓同志学术成果的《朱小蔓文集》，经小蔓同志女儿吴姗、女婿黄斌和多位一直追随小蔓的弟子们辛勤收集整理，后期将由北京师范大学出版社出版。这部文集的出版寄托了小蔓同志亲人和弟子对她的深切怀念，也向我们集中展示了小蔓同志卓越的学术成就。

《朱小蔓文集》共七卷。前三卷①收集的学术论文是从她200多篇论文中遴选出来的，是她在道德教育、情感教育、教师教育三个领域的主要研究成果。第四卷是她的博士学位论文

①②③④⑤《朱小蔓文集》第一、二、三卷是在北京师范大学出版社于2012年出版的《关注心灵成长的教育：道德与情感教育的哲思》基础上进行的修订与充实；第四卷是在《情感教育论纲》第三版基础上进行的修订，该书第一版由南京出版社于1993年出版，第二版由人民出版社于2007年出版，第三版由南京师范大学出版社于2019年出版；第五卷是在《教育的问题与挑战——思想的回应》基础上进行的修订，该书由南京师范大学出版社于2000年出版；第六卷是在《与世界著名教育学者对话（第一辑）》基础上进行的修订，该书由教育科学出版社于2014年出版；第七卷是在《情感德育论》基础上进行的修订，该书由人民教育出版社于2005年出版。

《情感教育论纲》②，这是她的代表作。 这篇论纲对情感教育做了系统研究，尤其对情感的发生机制、情感教育的内在过程做了开创性的研究，确立了她在这个领域的开拓者的学术地位。第五卷《教育的问题与挑战》③，是她和自己的研究生们通过对话的方式开展教学形成的一本对话体著作，用海内外前沿的教育理论探讨我国教育领域的问题。 这本书的单行本多次印刷，深受读者喜爱。 第六卷《与世界著名教育学者对话》④，记录了小蔓同志与世界多位知名学者的专业性对话，话题丰富，观点多元。 学者们话语风格多样，他们对教育问题的思考判断启发我们深思。 第七卷《情感德育论》⑤是小蔓同志从情感的视角对德育做出的系统论述。 她从情感理解道德和用情感涵育道德的思想，是她教育研究重要而且富有光彩的成果。

《朱小蔓文集》丰富厚重的成果不仅让我们领略到小蔓同志卓越的学术造诣，还让我们感受到她勤奋刻苦的治学精神。 小蔓同志进入学术研究领域的时间是比较晚的。 她 41 岁硕士毕业，45 岁博士毕业，20 世纪 90 年代初开始发表学术论文，到2020 年去世，学术生涯大致 30 年。 而在这 30 年里，她绝大多数时间是"双肩挑"的，肩负着行政领导工作。 她一肩挑着的行政工作担子之重，平常人全力以赴亦难承受。 而她另一肩挑着教学科研的担子，其中教学的分量同样不轻。 她的教学风格是常与学生在一起，互相讨论，有问必答，答必周详，费时定然不少。 而在近 20 年间，她还主编或参与编写过几套中小学德育教材。 对于现在正在全国统一使用的初中道德与法治教材，她是总主编。当然，她的这些工作与她的研究是有联系的，但是忙完这些工作，留下给她做研究、撰写学术论著的时间就不多了。与专业科研工作者相比，她做科研的时间可以说是很少的。但是，小蔓同志却进行了如此深入广泛的研究，留下如此丰厚的学术成果。这背后必定有超常的辛勤工作、超常的夙兴夜寐。小蔓同志治学的刻苦与坚强令人感动。

《朱小蔓文集》荟萃了小蔓同志 30 余年丰硕的研究成果，展示了她可贵的学术品格和学术特征。

以情感之眼看教育，形成了小蔓同志学术思想的鲜明标识。她的研究涉猎的教育领域很广，不散杂，放得开，收得拢，其中情感是统摄。有学者评价她是以情感之眼看教育，我是很赞同的。小蔓同志追溯情感思维学说在中国传统文化中的源流，从脑科学、心理科学角度探究情感发生的机理机制，从教育的实践活动角度剖析情感的育人功能和育人特征。她在总结自己的学术道路时说她自己一直把情感教育看成一个辐射教育活动全域、全程的理论和实践问题。于是，她透过情感之眼对教育的全域、全程进行观察、思考和阐释。这种观察、思考和阐释是广泛的、深刻的；是理性的、睿智的，又是满怀深情的。小蔓同志的情感之眼聚焦学生成长和发展的全域、全程；她的情感之眼中满含着期盼学生健康成长的真挚情感。这种情感是小蔓同志学术研究的动力、学术思想的灵魂。以情感之眼看教育也成为小蔓同志学术思想的光彩夺目的标识。

学术研究与育人实践紧密结合，赋予了小蔓同志学术事业蓬勃的生命力。小蔓同志从来就不是埋头书斋的学究，她是一位在教育改革发展大潮中奋力搏击、锐意进取的教育家。她的学术研究立身风起云涌的时代，扎根在世纪之交中国大地生机盎然的教育实践之中。小蔓同志一直强调她情感教育研究的灵感来自她从事的教育工作实践，情感教育的理论与模式与她总结提炼江苏和华东地区素质教育的典型经验密切关联。世纪之交开启的我国第八次基础教育课程改革是我国基础教育领域一项意义重大、影响深远的变革。这次课程改革将培育学生正确的情感、态度和价值观，同让学生获得基础知识与基本技能、形成正确的学习过程与方法作为课程的三维目标。这让小蔓同志获得了情感教育研究新的灵感，明确了研究的新任务，更加坚定了研究的信心。她积极参与基础教育新课程方案及有关学科课程标准的研制和新教材的编写工作，指导新课程的实施。她把指导新课程实施和开展情感教育实验结合起来，在南通田家炳中学、北京中学、海安市实验小学等学校开展"教师情感表达与师生关系建构""情感交往课堂"等教学实验。小蔓同志经常深入这些学校，走进校园，走进教室，和校长、教师研究讨论，和学生交流互动。这些实验推动了学校新课程的实施，推动了学校育人方式的变革。小蔓同志的情感教育理论在这些富有创造性的生机勃勃的教育实验中发挥了重要的指导作用，也得到了新的拓展和升华。

视野开阔，包容汇通，显示了小蔓同志学术研究的宽广胸怀。情感教育涉及多个学科，涵盖教育全程。小蔓同志谦虚好学，思想开放。她学术基础宽厚，融合多学科思想构建情感教育的理论框架；她汲取基层学校丰富生动的典型经验，探索情感教育实施的路径。她在与国内同行深入的交流研讨以及与一届又一届学生的教学互动中，锤炼提升自己的学术思想。她与多个国家的学者开展合作交流，借鉴国际教育经验，讲述中国教育故事，赢得了国际声誉。小蔓同志转益多师，开放包容，善于传承借鉴。有此宽广胸怀，方能守正创新，开辟新路径，攀登新高度。

为人与为学的高度统一造就了小蔓同志学术生涯的崇高境界。小蔓同志对教育事业充满爱心，满怀激情。与她相处过的人，无论是她的同事、学生，还是她深入基层学校指导过的校长、教师和学生，都对她的认真务实、谦虚热情、坦诚善良深表敬佩。小蔓同志的高尚人品在她的学术研究中得到充分的体现。她全身心地教诲指导学生，她无保留地与同行学者坦诚交流，她不辞辛劳奔走各地倾心倾力指导基层学校的改革实验。她数十年执着坚持以情感之眼观察教育、思考教育、研究教育，创建情感教育理论，实践情感教育思想，促进青少年学生健康成长、全面发展。她满怀大爱之心，春蚕吐丝尽，蜡炬泪滴干，将自己的一生奉献给了教育事业。2014 年 5 月，小蔓同志化疗期间抱病到一所小学做情感教育的学术报告。她深情地说，近代实业家、教育家张謇对学者提出的要求就是"道德优美，学术纯粹"，这是何等美好的一种希冀！"道德优美、学术纯粹"，这是小蔓同志崇尚的学者为人与为学的至高境界，也是她自己追求的境界。她在自己几十年的学术生涯中，坚持为人与为学的高度统一，一身正气做人，锲而不舍治学，将自己铸造成道德优美、学术纯粹的学者，登临了为人治学的至高境界。

《朱小蔓文集》在小蔓同志逝世三周年之际编辑出版，是对她最好的纪念。我和小蔓同志在 30 多年前就有工作上的联系和合作，当时我们都在江苏工作。 2002 年她到中央教育科学研究所工作时，我在教育部任副部长，分管中央教育科学研究所工作。 这样我们的联系和合作就更多了。 她是一位优秀的同事，也是一位令我敬重的教育家。 应小蔓同志女儿吴姗、女婿黄斌之约，我为《朱小蔓文集》作序，借此表达对小蔓同志的怀念和敬意。

小蔓同志燃烧生命谱写的教育诗篇，写在她多个工作岗位的不平凡业绩之中，也写在她丰厚的学术著作之中。 《朱小蔓文集》是她留给我们的美丽的教育诗篇。 读文集中的著作，怀念她的亲人、同事、学生和教育界的许多友人仿佛又听到她优美的声音，听她吟诵充满情感、给人智慧、给人力量的教育诗篇。

王湛

2022 年 6 月

总序二

我很高兴能有机会为《朱小蔓文集》的出版撰写序言。

朱小蔓先生是我国杰出的教育学家、教育家，她对我国当代情感教育研究具有开创之功。她的专著《情感教育论纲》构建了情感教育基本理论框架，为我国情感教育学做出了奠基性贡献。不仅如此，她在德育理论、教师教育理论、课程与教学理论、教育管理理论等多个研究领域突出情感维度，彰显教育理论的终极关怀，为建构有哲学之眼、人文性突出的理论话语做出了突出贡献。朱小蔓先生的教育思想超越于技术的兴趣，偏好于哲学深处探究教育的根基性与终极性问题，注重唯物辩证法在教育研究中的运用，具有鲜明永久的历史生命力。熟悉朱小蔓先生的人都知道，她具有深厚的公共情怀，始终关心现代化进程中人的生存与成长状态，关心学校环境与公共品质，注重与世界优秀教育思想对话，学术思维守正鼎新。此外，在她的学术人生道路上，朱小蔓先生有大半的时间在一线学校，为探索具有中国特色的教育实践改进范式而辛劳，积累了丰硕且有深远影响的实践性成果。《朱小蔓文集》的出版既是对朱小蔓先生的怀念与纪念，也希望通过梳理先生的学术人生进程，整理她的代表性成果，为丰富并深化我国的情感教育研究提供一种系统、全面的学术资源。

《朱小蔓文集》（以下简称《文集》）共七卷，第一、二、三卷是朱小蔓先生的论文集，是在她 2012 年出版的专著《关注心灵成长的教育：道德与情感教育的哲思》基础上的整理与丰富。《关注心灵成长的教育：道德与情感教育的哲思》囊括了她在 2012 年之前撰写的 69 篇论文。《文集》选编了她已发表和未发表的论文、硕士学位论文等代表性论文，形成了《道德与价值观教育》《情感发展与素质教育》《教师人文素养与教师教育》三卷。 第四卷收录的是她的博士学位论文《情感教育论纲》。《情感教育论纲》第一版于 1993 年出版，在国内外引起广泛关注，是学术界公认的开启当代中国情感教育研究的奠基之作。 朱小蔓先生注重对话育人，亦是当代较早开辟教育学术研究的对话探究范式的学者。《文集》第五、六卷是教育对话集，分别为《教育的问题与挑战》《与世界著名教育学者对话》。 朱小蔓先生的学术研究起步并专攻于道德情感，情感性德育是她的德育思想的标志性理论。《文集》第七卷是《情感德育论》，作为她的学术思想的重要支撑，系统呈现其情感德育理论。

　　朱小蔓先生一生著述颇丰。《文集》虽没有呈现她的全部作品，但集中代表了她的教育思想与理论风骨，也集中代表了她在教育思想风格、教育研究范式、教育理论话语三个方面的突出特征与重要贡献。

　　第一，朱小蔓先生教育思想的核心命题是情感教育，但情感教育思想不是建基于抽象的概念，而是建基于生命情感和人的发展，是一种兼具生命激情与理性沉思的人文主义、人道主义思想。 具有如此思想特点源于两个方面：一方面因为她出生于革命的红色家庭；另一方面因为她自大学教育起依次专攻于文学、自然辩证法和教育基本理论专业领域，跨学科、跨领域的专业学科训练使得她既富有感觉敏感性，又兼具知觉辨识性与历史综合性的辩证思维风格。她的情感教育思想发端于她的道德情感哲学研究。她以美德伦理学为论述底色，对情感教育形态做人类学历史建构，探究情感与人的发展的本体性、价值性问题，在此基础上探索适宜的情感教育操作模式。因此，她在教育思想领域的主要贡献在于以一套全面、系统的情感教育理论开启了中国情感教育的学术话语实践，推动情感教育成为中国教育改革中的主要思想形态，开辟了自 20 世纪 90 年代至今以情感审美和以情育人为思想标识、以唯物辩证法为思维逻辑、对教育实践葆有终极关怀的中国情感教育思想流派。该思想流派与教育的情感心理学、情感社会学等学术思想相互补充，构筑为中国情感教育思想的整体脉络，也为世界理解中国教育贡献了情感性思想示例。

第二，朱小蔓先生充分认识到中国现代教育研究在走向科学化、理性化的同时，也会带来过于技术化的倾向，从而引发教育研究的亲和性、真实性和深刻性的流失问题。如何对中国教育发问并切实解答中国教育问题，不仅是摆在当前中国教育学术、学科体系前的紧迫问题，也一直是她从事教育研究工作的问题来源。她对教育现象葆有足够的敏感，也总是能从哲学的视角审视个人困惑，在恰当的历史格局中提出适切的教育公共问题与教育命题，如情感德育、教师情感人文素质、教育的情感文明等。这一系列原创的教育概念、命题代表了一位有深度教育情怀的老一辈教育研究工作者对中国教育的忧虑、追问与期待。她对待教育理论、现象与实践所具有的天然的价值情感促使她为教育正义而研究，她以批判性包容的立场游走于教育理论与实践之中提出研究问题、回应教育理论、追问教育良知、再生产教育理论。因此，她的教育理论研究指向实践性教育理论，她的教育实践研究指向理论性教育实践，她的教育研究为教育理论界与一线教育实践结为有效、负责的探究共同体搭建了桥梁。

第三，不同于建基于心理学、工程学、经营导向话语的教育理论，从文学、哲学背景中成长起来的朱小蔓先生的教育理论话语脱胎于对人的关切，像一双眼睛，能帮助读者从可见的现象看向可知的世界，从中看见良知。这体现的是教育理论话语的亲和性特征。教育理论建设不仅是一种理性探究过程，也是一种健全的他心想象过程。她总是在做为他者着想、为学科负责、为实践改进的理论建设，而非贡献出某种理论的理论建设。因此，她的教育理论话语亲和性强，能被广为接受。朱小蔓先生秉持以人的发展为核心的原则，自觉维护教育理论的真实性。正因如此，她的教育理论话语自然对技术旨趣与理论神秘性祛魅，是富有价值情感的真实发问以及负责任的深刻回应。

朱小蔓先生于 2011 年加入教育部普通高校人文社会科学重点研究基地北京师范大学教师教育研究中心并担任特聘教授。在长期的生活、研究与求索过程中，朱小蔓先生养成了有理想、有担当、有作为的现代中国知识分子的优秀品质。她纯真赤诚、与人为善、平易近人、心胸宽广、充满人格魅力，深得朋友、同事、学生的敬仰和爱戴。与她共事期间，我深深地敬佩她的学术成就和教书育人的精神。

《文集》的出版不仅是对她学术成果的一次总结，还是对她在教育领域所做出的贡献的肯定。我们整理、结集出版她的代表作，希望这种中国化的情感人文主义教育学术研究范式与理论学说能很好地传承下去，也相信这些作品在教育研究与实践领域会结出更璀璨的成果。

最后，我要特别感谢《文集》编委会成员和工作小组成员，感谢北京师范大学出版社。他们的付出和努力使《文集》得以顺利出版，同时也为朱小蔓先生的学术成就和教育贡献做出了最好的诠释。我相信，《文集》的出版将为学术界和广大教育工作者提供有益的参考和借鉴。

是为序。

朱旭东

2023 年 5 月

前　言

　　延搁了将近十年，《与世界著名教育学者对话》终于可以与读者见面了。本书收录了2000—2005年我在南京师范大学、中央教育科学研究所工作期间与不同国家、地区著名学者就教育方面的一些议题进行的讨论、对话。起初，我并无自觉要做记录整理，更未想到还可能集结成书，只是感觉每一次的交流总能引起我的好奇、兴奋，仿佛打开门窗，让新鲜空气沁入心脾，身体和精神被多种养料滋养。后来我渐渐意识到，这些活动对我而言并非履行公务，而是抱有专业渴求的学术交往，我总能从对方那里获得在学术视野、教育问题的历史脉络、文化差异以及思维方式和方法论方面的启发。其中有许多体验，尤其是在现场刹那间的被触动的感觉，是平日看书、查资料所无法获得的，遂有了要记录下来的念头。直到2005年，教育科学出版社向我提议将这些对话记录整理出版，我对这项工作变得更自觉、更有兴趣了。

　　本书收录我与12位著名学者的讨论对话。他们都是本国（地区）卓有成就的教育专家，其中有些还是国际著名的学者。他们中的大部分是应工作及学术交流的需要被邀请来中国的，也有几位是我先在国内结识，后在出国学术交流时回访的。

我们的交流话题往往从彼此了解的道德教育、课程改革、情感教育、教师教育、教育哲学等领域中的某个议题开始，没有特别设计讨论目标，而是随双方的兴趣和专业积累自然地、自由地交流，随心所欲、兴之所至地发问与回应。 现在看来，有些讨论由于双方缺乏更为充分的事前准备，讨论话题不够集中，交流的深度和张力不够，甚至有些讨论、交流算不上严格意义上的"对话"。 但重要的是，伴随这一过程，我不知不觉地变成了一个喜欢"对话"的人，习惯以相互学习、借鉴为出发点，以"对话性的理解"为旨趣。 我与对话者关注的议题、重点，尤其是对一些细节的看法显然有文化或意识形态方面的差异，然而更强烈的感觉还是观念的契合与心灵之相通。 我越发相信，不同国度、不同文化中的教育的相似性以及相互影响远比想象中的广泛。 我认为，这是因为教育永远承载着对那些穿越时空、超越民族、富有永久魅力、具有时代特征的优秀文化精神的传承与弘扬责任。 这也是我一贯秉持的人文主义文化立场。 当然，"对话"者和阅读"对话"者的心态和趣味并非人人相同，而且，"对话"也的确需要挑剔的眼光，需要批判性思维和独立思考。不过，"同感共受"与"接受差异"，都是现代人所需要的生命经历与体验。

　　由于我时间抓得不紧而延宕出版，对话文本中的不少话题也许已经时过境迁，但我相信大多数话题背后隐含的哲学思想、教育文化透视、方法论并不过时。 生活中人的感受过程有时比结果更加重要。 以对话"发现自己"，以对话"联系别人"，培育一种开放的、敏感的、积极的态度,诸如平等、友善、谦恭、欣赏、宽容、协商、独立、勇敢、创造的人生态度和学术态度,在今天这个时代变得十分必要而紧迫。

北京师范大学出版社的领导、编辑给予我极大的信任和支持,而且十几年始终如一,十分难得。 我对他们敬业的态度深表钦佩和感激。

朱小蔓

2013 年岁末于北京

目　录

目

录

关注教师在道德教育中的作用
——与弗朗西斯·休恩梅克教授的对话

朱小蔓：您这次能来参加道德教育圆桌会议，我非常高兴。自 2001 年以来，您在南京师范大学为研究生讲课，多次参加道德教育研究所举办的小型国际研讨会，参加学校举办的教师教育国际研讨会，您的热情加入和学术工作对南京师范大学的教育学术有很大贡献，也给予我很大的支持，因为这几个会议都是我负责筹备的，所以非常感谢您。

休恩梅克：我很乐意和你们在一起讨论道德教育的话题和教师教育的话题。尤其是把道德教育与教师培养联系在一起，这是很有意义的话题。教师在道德教育中的作用可以认为是一种教育的作用，也可以认为是一种广义的隐性课程的作用。课堂中师生之间连续不断地相互作用，和正规、明确的课程一样是具有教育性的。课程传递的是与某门学科相关的重要知识、价值观念和技能，包括道德和品格发展所需要的内容。正是教师使课程充满了生命力，是他们在加强或否定某种教育教学目标。

朱小蔓：您的看法太好了。我不久前也发表过一篇文章——《课程改革中的道德教育和价值观教育》[①]，认为中国第八次基础教育课程改革为学校道德教育提供了前所未有的新的空间，因为课程改革要求各门学科都要改变。长期以来，我们秉持课程主要是传递知识的、比较单一的课程功能观，而现在，则明确要求教师要通过教学活动，将学习知识、技能与形成一定的情感、态度、价值观等多种课程目标统合起来。这样一来，教师会敏感地察觉蕴含在教学内容中的价值资源并将它们呈现出来。同时，教师与学生形成良好的师生关系，就变得非常重要了。学生学习道德价值观，大多是通过课程学习的，是在师生关系中感受和理解的。

休恩梅克：我很赞成您的看法，赞成你们提倡的课程改革。因此，我认为教师培训工作非常重要。在哥伦比亚大学教师学院，我们培训教师不能仅仅要求他们怎么做，尔后就要他们去做，那样效果不大。我是作为研究者，带领参加培训的教师一起做研究的，给他们提供一个榜样、一种示范，我认为那样才有用。

朱小蔓：您是怎么做的呢？我们对教师的培训方法还不够丰富。

休恩梅克：我要求教师写一些对自己教学、教育工作的回

———————————

① 该文发表于《全球教育展望》，2002(12)。

忆。通过那些回忆，教师自己发现许多非常生动的场景，进而慢慢地从里面提炼出一些价值观来。

朱小蔓：反观我们的道德教育，还有一些缺点，以教师为中心，对学生进行说教式的教育方式还比较普遍。教师对学生的影响，更重要的是在师生关系中教师本人体现的价值倾向，有的是隐性的，但影响却很大。

休恩梅克：是的。学生隐性地感受教师传递的东西，对他们在校学习，对认识什么是正确的、好的、正义的和公平的非常重要。教师在道德教育中可以起到直接的教育作用，但是其隐性的作用才是学生永远记得的。

朱小蔓：您说您正在研究的一个项目，请四位来自不同国家、具有不同文化背景的教师回忆自己最早期的学校生活，同时考虑这些回忆对他们的教育实践活动意味着什么。

休恩梅克：研究教师对早期学校生活的记忆，对于理解教师在道德教育中的作用，开发新的方法培养教师，让他们能在今后的道德教育中发挥作用，是一种有益的方式。

朱小蔓：您认为您的研究中有哪些重要的发现？

休恩梅克：他们四位回忆儿时的教师，我从他们那里收集到关于积极体验的回忆，如与教师的关系宽松和谐、得到教师特别注意等。教师的回忆中都提到了人的基本需要，如健康、安全、归属、爱和尊重、自我实现，这些是马斯洛需要层次理论中的内容。教师们在描述积极情绪的事件时，使用的词汇是激动、受到赏识、难以置信、高兴、杰出、被鼓励、骄傲、被爱、被承认；在描述消极情绪的事件时，所用的词汇则是尴尬、难堪、羞辱、糟糕、沮丧、委屈、不公平、陷入困境、孤独、罪过、低人一等、困惑、害怕、背叛、被审、孤立、伤害、震惊、讨厌、被嘲笑、挫败、愚钝、被憎恨。

朱小蔓：也就是说，他们的回忆有相似性，是吗？人们都需要被关心、被承认、被尊重。

休恩梅克：是的。教师的回忆具有一定的相似性，这表明人们都深切地需要被关心、被承认、被尊重、被赋予责任、被信赖。通过对回忆的分析，我们可以看到，教师在道德教育中的作用不是新近才被赋予的，相反，倒是向我们提示了一点：不同地域的人之间有着更多的相似性，而不是差异。

朱小蔓：无论是积极回忆，还是消极回忆，对于他们认识和理解教师的作用都有意义。通过这个研究，您对教师提出什么样的建议？

休恩梅克：我提出如下直言不讳的建议：教师应当挽救学生，应当善良，应当鼓励学生，应当拓宽自己的知识面，帮助学生认识到自己是有能力的。而且，教师应该意识到学习不仅是学科知识的学习，学生在学习中也起着积极的作用；教师应该为学生提供难忘的经历，并且意识到教师的个人行为在学生生活中的重要性，意识到维持与学生友谊的重要性。

朱小蔓：中国文化传统强调"学高为师，身正为范"，要求教师是学生的榜样。可是这个传统价值观在今天受到了挑战，受到了质疑。有人说，教师也是普通人，为什么要求教师像圣人一般，未免太严格了。如果这样的话，人们可能不愿意做教师。

休恩梅克：我们在西方也碰到过这个现象。对教师有一些过分的规范，也是把教师看作圣人。例如夫妻不能在同一个单位工作；女教师怀孕了，不能够工作，一定要待在家里面；教师不能在学生面前抽烟、喝酒等。

朱小蔓：对于这个问题，我是这么看的：虽然我们不应当把教师当作圣人，但教师应当意识到，自己在学生面前是一个榜样。教师不是圣人，但应该是一个向善者。巴黎高等师范学院（简称"巴黎高师"）的校长在 2002 年、2003 年来过北京，他做的两次报告我都听了。他有一个观点，我听了很受启发，也常把这段话当作教师教育的一个故事来讲。他说 normal 这个词是个好词，是"规范"的意思，就是说教师应当通过自己追求的标准，通过他有分寸的举止成为榜样。巴黎高师虽然并不只培养教师，但学校推动各专业的学生都要去体验一下做教师的感觉。因为当教师既有助于消化自己所学的知识，也可以训练自己的行为举止更加规范，更有分寸。当然，我也同意，教师也是人，教师的情感也是需要照顾的。

休恩梅克：教师的情感是不能够也不用去隐藏的，不要故意隐蔽，而是要恰当地表达。教师对学生造成的伤害，往往是因为情感表达不恰当。比如，一个学生表现不好，教师说"你这个小孩坏透了，我不想看到你，你出去"。这样的话语会贬低学生的人格。其实，我们可以换一种方式。比如当学生的行为方式不当时，我们可以说，"我担心你这样做对你自己的成长会造成伤害"。

朱小蔓：我觉得这是教师的人文情感素质问题，是有无情绪敏感性和情感能力的问题。1993 年，我从莫斯科大学做访问学者回国以后，有感于俄罗斯在选拔师范生时重视考生的情感人文素质，写了一些文章，谈教师情感人格的特征及其影响。我认为，教师的情感特征会影响师生关系，而师生关系直接影响孩子的安全感、依恋感、信任感，影响他们对社会、他人的亲和感，这些品质是一个人道德成长最为重要的基础。

休恩梅克：心理安全问题的确很重要。所谓安全，就是避免学生做危险的事情，不是说不让他做任何事情。学生在成人的信任中才敢冒险，才敢负责任。

朱小蔓：最近几年，中国的道德教育在理念上有比较大的进步。我们开始强调要把学生当作独立的生命个体，尊重他们情感方面的正当需求，这些方面发育健全了，道德性成长才有稳定的基础。所以，现在中国的道德教育重视教师在这个方面的素质提升。

休恩梅克：你们这样做是非常好的。教师应该是一个真实的人，他可能会犯错误，但应该勇敢地承认错误。学生会记得一位承认自己的错误并与他共享仁爱的教师。同情与原谅使我们和学生同欢乐、共痛苦，而不是在学生的心目中削弱我们作为教师的威严和积极影响。

朱小蔓：我们经常教育教师，你们要怎么做，你们要有情感人格方面的素质，你们要对孩子好一点，可是有时候教师很难做到。教师难做到的原因，可能是我们对教师关爱不够，保护教师权益的法律制度还有待进一步健全，我们还应当更多地关心改善教师工作条件，使教师拥有积极、健康的心态。我从您的几次发言中受到的启发是，不能光告诉教师要怎么做，还要具体帮助教师。前面您说通过示范，从研究很多个案中让教师自己总结、提炼出应该怎么做，这样具体地启发、帮助教师，我觉得这是一种很实在的培训方式。

休恩梅克： 教师不是只执行行政命令，教师要通过自己的工作以及对儿童的了解，发自内心地认为一个教师应该怎么做。我现在很有兴趣研究到底是什么因素，使教师从内心觉得应该这样做。我在做教师培训时，要求他们回忆自己做学生的时候，印象最深的是什么，让他们分享出来，大家相互交流，都来体会一下当时的感受。通过教师自己的回忆，提炼出道德、价值观。在这个基础上，引导教师进一步理解他们的行为举止会产生什么样的教育作用。

朱小蔓： 现在，大家都认为道德教育，尤其是青少年一代的道德教育是学校教育中非常重要的主题，但是学校的道德教育更重要的是要寄希望于优秀的教师。因为学校道德教育不能够仅仅诉诸专门的道德教育课程，即便是专门的道德教育课程，也要靠教师对课程的理解，以及他们对道德的理解，并把这种理解变成对道德教育课程实践的创造。

休恩梅克： 美国有这么一个情况，就是一般来说，人们不太相信教师自身的经验，以及他们在德育方面的作用，总觉得即使教师不好，但只要我们有好的教材，也可以做得好。其实，教师的工作经验、水平和课程教材的作用是同样重要的。

朱小蔓：我非常敬佩您对教师的研究，不仅研究他们如何实施课程和教学，重视他们的教学经验，而且关注他们教学经验中个人化的知识以及对价值和道德的理解与处理，对教师在这方面的素质和能力相当敏感。

休恩梅克：美国的一些课程改革往往容易失败，原因是什么呢？就我看，问题在于人们总觉得是因为没有好的教材、没有好的课程，却没有真正意识到教师本身就是课程当中的重要分子。没有教师，再好的课程教材也发挥不了应有的作用。

朱小蔓：中国现在正在进行新一轮课程改革，不能认为制定了课程标准、新编了教材和教学内容，方向性的问题就解决了。课程改革长远的目标还在于保证学校教育的道德目标。我不久前发表过一篇文章，意思是说，我们不能因为课程改革的具体目标、改革道路上要处理一些具体的操作难题，反而将课程改革当初设定的大目标给模糊了。课程改革，不仅追求提升学生的认知和创造能力，而且同时追求道德教育的目的，或者说学校教育的道德目的。

休恩梅克：在美国，如果学校没有做好，学生没有学到他们应该掌握的东西，往往会指责教师。教师要努力工作，提升所在学校和学生的成绩，但是往往不知道该怎么做。我常想，我们应该多想些办法为教师提供一些具体支持。

朱小蔓：在中国，人们也会把学校教学质量不高归咎于教师。其实，应该更多地、更具体地帮助他们。我们需要思考一个问题——道德的人究竟是怎样成长的？道德的人需要在一种健全的关系中生长。这是一种相互的、互动的关系：教师要爱护学生；社会又需要关心教师；教师也需要从学生的热爱、尊敬中获得自信和温暖。大家在一个互相关爱的关系中才可能有健康积极的心理状态。

休恩梅克：政府领导也需要建立起一个观念——没有投资就不会有回报。对教师不能只提要求，一定要关心他们。我在培训教师的时候发现，教师明显感觉得到的关心和具体支持不够。在美国，人们往往把教师职业看成容易停留在某个水平上的职业。这是什么意思呢？就是刚开始做教师的时候是一个高度，到了退休的时候，还是这个高度，也就是说没有大变化。

朱小蔓：我们把这叫作教师发展的高原区。

休恩梅克：就是没有变化、没有提升。一个教师如果发展得好，应该是水平不断提升的。我们可以把教师的成长和发展看作一个社会性建构的过程。正如发展阶段理论所言，教师是沿着相似的轨迹成长的，这种成长与发展反映出学校作为社会化机构具有强大的力量。社会化涉及职业经历、社会经历和情感经历等一系列有连续性的关系。当教师成为学校系统的一部分，他就置身于这些关系链条之中。

朱小蔓：您很看重学校对教师发展的作用，是吗？

休恩梅克：是的。影响教师成长的因素很多，个人方面的因素有经验的积累、认识、信念、个性等，再就是上面讲的学校的社会化力量。

朱小蔓：教师培训，无论是在学校职场中的培训，还是离开职业现场的集中培训，都离不开对个体经验的反思。

休恩梅克：经验必须通过反思才能进行有意义的重组。经验并不是一个有条理的概念，它是个人历史的汇集，包括实际发生的事件、虚构事件，以及借助记忆对于这些事件的原因所做的解释和说明。经验是混乱的、矛盾的，而不是有秩序的、天衣无缝的。

朱小蔓：我想最后再谈一个话题：在走向未来这个过程中，您怎么估计青少年一代的道德发展状况？道德教育怎样才能更加有魅力？

休恩梅克：现在的年轻人确实面临一些挑战，每一代都对下一代的问题很担忧，代代如此。我们做道德教育的，要教育孩子经常想一想他们以后的发展，在越来越小的地球村，在现代化社会里，从道德的角度应该怎样去发展，而不是仅仅想自己获得什么。教师认识到自己在道德教育中的作用，很多是在以往的课程中和培训中。我教育学生要懂得，每个人都需要知道自己的方向，知道自己做什么，否则他会失去方向。因此，教师要关心每个孩子，了解他们想什么、怎么想。但是实际上，有很多孩子没有得到教师的关照，其中有些往往被叫作"好孩子"，因为他们很听话，安静地坐在那儿不动。

朱小蔓：以前我做研究的一个学校的老师告诉我，有一位家长反映，她的孩子上小学一年级，开学前孩子非常兴奋，但一个星期后却对妈妈说，再也不想到学校去了。妈妈说："我送你去的是最好的学校，你为什么不去呢？"孩子说："今天从早到晚老师都没有看我一眼，所以我不想去这个学校了。"

休恩梅克：孩子有各种差异，但是我们的目标是要使课程能够适应孩子。未来社会有一些重要价值，比如与人为善、关心、尊敬、责任等，教师不要以为把知识教给学生很容易，教育并不是把课程向学生宣布、向一个群体宣布就行了，群体里有很大的个体差异，教师需要设法适应这种差异。另外，价值观的影响和教育往往是隐性的，效果不是那么明显。

朱小蔓：在美国政府的政策中，有没有要求教师对学生道德成长负有明确的责任？

休恩梅克：一般来说，政府用投资的手段控制学校，会提出一些建议。但是通常对教师在道德方面的要求不会做文件式的规定。

朱小蔓：那在教师专业标准里面有没有明确的规定呢？

休恩梅克：要求教师必须达到本科文凭，还有的提出要有自己所教的学科相关的硕士文凭。但是说归说，做得不是很好。

朱小蔓：我希望今后能进一步研究教师在道德教育中的作用，在这方面，我们已经相互了解，有了一个很好的开端。我认为，如果不深入研究教师，恐怕道德教育没有最根本的或最切实的基础。

休恩梅克：我也希望能够有更多的合作。通过在中国的访问，我了解到很多东西，学到了很多，尽管有文化的差异，但是在教师培训、教师发展、学生需求、师生关系方面，我们有很多共同点。

朱小蔓：对。您介绍的四个不同国家的教师童年经历影响其对教师的看法之情况，几乎和中国一样，这些现象我们在中国也见到过。从道德教育研究者的角度来看，我很自然地把这些现象和道德联系在一起。对这些现象的讨论，其实都是道德教育的话题。

休恩梅克：是啊，虽然文化上有很多差异，但是我往往从您的表情中就知道您说的大致是什么。

朱小蔓：用中国人的话说，叫"心领神会"。因为人同此心，心同此理，我们都对道德教育和教师培养有一种喜爱、热爱的感情。

休恩梅克：我们之间有很多对话，有时在翻译之前，我就知道您在说什么。我在南京师范大学做访问教授，收集到不少教师的工作经验，我们在一起讨论、分享这些经验。您当时说，我们在人最深层本性上相通。我们为彼此可以心领神会而惊喜。

朱小蔓：这次令我高兴的是知道了您和内尔·诺丁斯是很好的朋友。于天龙博士翻译了诺丁斯的专著《学会关心：教育的另一种模式》。我的博士生——一个坐在轮椅上的女孩——侯晶晶一直有兴趣研究诺丁斯的关怀哲学，并且已决定将其作为博士论文选题。我请您把这些消息告诉她，她一定会非常高兴。

休恩梅克：我和内尔是好朋友，而且我们两个是近邻，她在海边有一套房子，我有她房子的钥匙，可以进去住。

　　朱小蔓：你们关系这么亲密，这样我更可以理解您的思想，明白您为什么如此关心道德教育和教师教育了。

认知线路原来可以如此相通

——弗朗西斯·休恩梅克教授印象记

弗朗西斯·休恩梅克是美国哥伦比亚大学教师学院的教授、博士生导师。

在她 1998 年来华参加南京师范大学的教学研究工作之前，我们并不相识。当时我担任南京师范大学副校长，主管本科教学工作，接触到的外文系教师都对她称赞不已。后来，有同事介绍她与我认识，我这才逐步了解到她的教育专业背景，与她接触多起来。恰逢学校领导层决定由我负责组建道德教育研究所，并申请成为教育部人文社会科学重点研究基地，需要获得更多的国外学术研究信息，我便邀请她参加我们举办的道德教育小型学术研讨会。那次研讨会让我了解到，原来她的学术工作、兴趣方向与我接近。她长期工作的哥伦比亚大学教师学院从根本上说是我们的同行机构，她本人又研究教师、课程。除此之外，我还发现，她是当代美国最早主持编写道德教育教材者之一。这些发现令我兴奋。于是，我又邀请她到我指导的无锡市五爱小学，考察我们在那里进行的和谐教育实验，参与我们与小学教师的对话。记得那天，她坐在我的对面，满面含笑，用欣赏的目光久久地注视着我。当时我俩说些什么已完全不记得了，但她凝视我的表情却定格在我的记忆中。后来，我对她说起她在我心中激起的感动，告诉她我对自己不能用英语与她交流而非常抱歉，没想到她不假思索地回应说："没关系啊，看着你的表情，特别是你的眼睛，我可以领会你想表达的东西。"她对我在小学研究小学教师十分赞成。我觉得她对好教师有一种特别的敏感，在之后的交流中得知，她长期跟踪研究教师对学生的影响。我常想，她本人就是一位好教师，首先是一位特别仁慈、仁爱的教师，同时又是一位学术造诣精深、治学严谨、研究经验十分丰富的学者。不久，她回美国了，我很舍不得，期盼着哪天再见面。

2001年10月，我张罗一个教师教育国际研讨会，首先想到邀请她。可恰巧赶上"9·11"事件发生。为了如期赶赴南京师范大学举办的教师教育国际研讨会，她旅途辗转、千辛万苦，带着一身的疲惫与我在会场紧紧拥抱。会上，我特别向大家介绍她与南京师范大学的友谊，她对学术、对朋友的赤诚，她的人道主义精神和教育情怀给在场的人留下了美好而难忘的印象。

2003年10月，我到中央教育科学研究所（现中国教育科学研究院）工作后，邀请她参加联合国教科文组织亚太地区教育峰会，在我们主持的道德教育圆桌会议上发言。她以自己长期跟踪的个案谈教师对学生道德及职业选择的影响，这是一个很细腻的质性研究。当时，她的报告与加拿大多伦多大学教育学院博伊德教授的报告有异曲同工之妙，一个侧重实证，一个侧重思想，都从教师的角度谈道德教育，给我们以很大的启发。

我想，当初邀请她来中国，来南京师范大学，主要是基于她在教师培养理论及课程设计理论方面的造诣。她在南京师范大学一丝不苟的教学作风和教学水平背后的研究功力获得了师生的好评。而我俩成为朋友并相互走近后，我发现了更大的可以交流的学术视野：教学活动中的道德教育、教师对学生的情感与道德影响等。在关注人的精神成长、关注师生关系，从道德的视角考察什么是好的教育、什么是好教师方面，我们原来有那么多的交汇点，它们的认知线路原来如此相通。

2011年，南京师范大学为她申请江苏省海外名师项目，希望我为她写推荐信，我当然乐意为之。我认为，她在课程与教学、教师教育、道德教育、情感教育方面所进行的工作已经对南京师范大学产生了深远影响。根据我对她的了解及多年的交往，她在上述领域，包括与此密切相关的一些领域，完全能够担任主要职责，我很有信心并毫不犹豫地推荐她。

2013年5月，南通大学情感教育研究所举办第三届情感教育国际论坛，她从南京师范大学赶到南通，我们再次见面。我又一次美美地享受着情感精神和谐共鸣的高度愉悦。

教育是人类一种道德谈话

——与德怀特·博伊德教授的对话

朱小蔓：您好，很高兴我们又见面了。好像我们已见过四五次面，算是老朋友了。我们的相识和友谊都是在讨论道德教育的问题时建立的。

博伊德：是的，我们在南京多次见面，这次又在上海讨论道德教育主题，很好啊。

朱小蔓：您还在坚持道德教育哲学研究吗？

博伊德：是的。

朱小蔓：我很赞赏您坚持从哲学上讨论道德教育。总有人认为，哲学没什么用，尤其是讨论教育问题时，人们总爱说"少谈些哲学，直接告诉我怎么做吧"。其实，如果没有哲学，对一个问题价值方向、价值意义都没有搞明白，或许做得越多，反受其累越多。

博伊德：我同意您的看法。当然，就我个人来说，我的研究方向和兴趣就在这儿。

朱小蔓：您参加过南京师范大学道德教育研究所的研讨会，那还是研究所刚建立的时候。作为首任所长，我特别感谢您在研究所建立初期给予我们的支持。

博伊德：能够成立专门研究道德教育的研究所是件很有意义的事，我为能参与你们的活动感到荣幸。

朱小蔓：南京师范大学道德教育研究所是教育部人文社会科学重点研究基地。因为南京师范大学长期以来在道德教育研究方面的积累，才有机会申请并被批准建立。筹划论证时，我们设计了这个研究所的三个研究方向，首先就是道德教育哲学研究，希望从哲学方面研究道德教育的一些基本理论问题。

博伊德：我很赞成这个认识和积极性。

朱小蔓：您在今天的讨论会上报告关于主体性问题，谈到了对主体性认识的两个维度，我很有兴趣。这些年中国的教育改革有许多关于主体性的探索，但我发现对主体性的理解有些表面化，往往把一般的积极性、自觉性当作主体性，对课堂里学习的主体性认识过于肤浅，对于意识层面的自主性，尤其是其中的道德意义似乎没有揭示出来。请问，您是怎样敏感于主体性与道德教育的关系的？

博伊德：我在发言里说了，关于主体性，有很多不同的观点，我只从其中一个方面来谈，强调主体性的一个方面，其实还有其他的方面，也都与道德教育有关系。

朱小蔓：您为什么关注主体性与道德教育的关系呢？

博伊德：主体性问题是人的深层次的东西，通过对主体性的探讨，我们可以了解人究竟是什么，进而了解主体性如何促进人类德行或者道德的发展。这是我重视主体性研究的一个理由。如果没有对人的主体性的认识，实施道德教育是不可能的。

朱小蔓：主体性问题在中国社会转型时期凸显出来。哲学界和教育学界的讨论更多的是将它与人的解放，与人的自由意义上的主体性，与个体的自由性、独立个性联系起来。在教育中体现为反对教师至上的控制，反对压抑和影响学生的学习自主性。

博伊德：您说的这个方面只是很狭窄的、很有限的方面，它固然很重要，不能不顾及它，但是仅从这个角度认识主体性就太局限了。

朱小蔓：最近几年，我国学术界不仅从个人角度谈主体性，也从主体间关系讨论人的主体性，国内研究主体性的视角多起来了。您刚才在发言中说，人是在关系结构中生活的，研究关系性结构对人的道德成长很有必要。

博伊德：人的群体关系有一些不是自己选择的，人往往是先天被投入进去的。在这个关系中，当人突然发现自己掉落在某一种群体关系当中时，对他的道德是有意义的。

朱小蔓：对于学生来说，师生关系是一个重要的关系。师生关系是不是一个平等、关爱的关系，对学生的道德品行养成具有直接意义。美国诺丁斯教授的关怀伦理学对此有许多深刻的见解。特别有意义的是，她认为师生关系不仅是教师对学生的关爱，也不是单方向和单方面的，而是双向、双方面的，师生之间不断地互动，做积极、正面的反馈，不断调整各自的关爱方式，使关爱关系走向健康、保持健康。因此，她讲的师生关爱重要的在于以平等、尊重为基础，而且是双向地表达。这一思想对我有很大的启发。这与中国传统文化论及的教师爱不尽相同。中国传统文化中的师生关系、教师爱有自己的一套逻辑、一套讲法。

博伊德：每种文化都有自己的一套哲学，它们之间有相同，也有不同。

朱小蔓：如果没有一套哲学阐释，对事物的认识就容易肤浅，无法看清事物在历史脉络或大空间、大背景中的位置。刚刚提到的诺丁斯教授的关怀理论，如果从后柯尔伯格时代背景看，就能理解她的重要性和价值。她的"正义"取向的道德教育理论，对侧重认知取向的道德教育理论是一种认识上和实践经验上的延伸。

博伊德：当然，我也知道，仅从教育哲学的角度讨论道德教育话题还是有些抽象，我希望哲学的理论观点能和心理学的观点结合起来。我自己已经开始做这样的尝试。但这次的发言因为时间关系来不及谈，我还是从哲学上论证所说的主题。

朱小蔓：我知道您很重视道德心理学的研究。我在几个场合与您见面，您都在谈要重视道德的心理基础。我感到欣慰的是，我们在筹建南京师范大学道德教育研究所的时候，有意识地将道德心理学作为重要研究方向之一。一是意识到它的重要性；二是南京师范大学教育学科素有与心理学科并肩工作的传统；三是有心理学研究泰斗高觉敷先生建立的学术基础和他培养出来的一批学界后人，他们已经发展得很好。

博伊德：我想告诉您我未来的一个计划：我想与心理学家合作，以一批青少年为研究对象，考察他们的道德主体性是如何成长的，通过这种考察，形成一定的关于道德主体性的哲学认识，从而进一步思考如何促进青少年的道德发展。

朱小蔓：这很有意思，特别是您这样一位哲学家去和心理学家合作。我很好奇你们怎么合作。

博伊德：首先，我们应该认识到社会不同群体之间的差异。我们考察不同群体中人们对道德主体性的理解，看他们对自己内在的认识是怎样的。他们生活在不同群体中，会有不同的主体性，体现他们的道德性。我们用一些测量工具和量表区分他们，分析为什么处在这一群体的学生这样认为，而处在另一群体的学生则那样认为。解释他们不同的道德理解。哈佛大学一位学者也在这方面做了一些工作。

朱小蔓：您试图用心理学的方法获取不同群体中的人是怎么认识、感受主体性的，进而研究主体性，研究人对主体性认识的差异，考察它们与道德发展是什么关系，是不是这样？这不同于抽象的哲学论证，它有了实证研究的基础。

博伊德：是的。这是一个对学生的研究，还有一个对教师的研究。考察教师在不同群体中的差异，看他们如何看待社会中的差异，如何看待社会公正，由此再考察他们是怎样认识道德和有道德性的人，并且怎样影响到学生认识自己、认识道德，促进学生道德发展的。两个研究同时进行，二者结合起来，对比探讨。

朱小蔓：你们的理论假设是认为人的主体性的发育与道德发育相关，是吧？

博伊德：人在不同群体中道德主体性的不同是实际存在的，但可能有人意识到了，有人意识不到。我们的研究是要使人们意识到处在不同群体中的差异，意识到这涉及社会公正的问题。我们是用这种方法，从这样的角度来研究人类主体性的。

朱小蔓：这是很有意思的研究，可贵的是研究设计很新颖。您试图为主体性研究找到一些参照。这样的研究思路对我的启发是：第一，您试图寻找主体性与道德发育的相关性；第二，这种相关不是仅靠哲学推理证明，而是通过实证研究获得数据支撑。

博伊德：这样的研究确实很有意思、很有价值。但现在这还仅仅是一个计划，要看能不能获得经费，所以还没最后定下来。如果获得资助，我一定会做。我们这里有很大的文化差异，如果做跨文化的研究是有一定难度的。我计划研究三种文化群体的人，一是全部为白种人，一是全部为黑人，再就是中国人，用这三种人做比较研究。

朱小蔓：说到这里，我想问您一个问题。您这几年数次到中国，对中国学校的道德教育有了不少了解，对中国道德教育理论界也有一定了解，作为一位道德哲学家，您对中国和北美地区青少年一代的道德发展状况怎么评价？对今后道德教育如何走向一个更健康的方向，您是如何预测和思考的？

博伊德：第一个问题，因为收集到的资料很少，我很难做比较全面的评价。但我可以做一个大概的比较。我发现，中国对道德教育比较重视，比北美更重视。因此我觉得中国道德教育应该比北美地区更有希望，更有创新。像这次会议，邀请到这么多人，尤其是全国这么多的教师，来这儿就共同的话题进行讨论，这是非常好的。我真的非常欣赏，希望你们继续这么做下去。

朱小蔓：您看到中国道德教育积极的方面。您几次到中国都看到中国教师对教育研究，包括道德教育研究表现出很高的热情，愿意听专家学者的报告，希望参与学者的研究项目，希望通过研究提高自身的理论素养，同时也改善道德教育实践。我常常为中国教师的这种敬业态度所感动。道德教育是一项非常复杂的工作，制约因素太多，光凭热情确实不行。现在我们有了道德教育研究所，有条件更好地研究道德教育怎么做才更符合人性，才能把人的道德主体性发展起来，更符合教育的规律。

博伊德：我认为，教师是道德教育的焦点。我讲的道德教育教师不是仅指教道德教育课的教师，而是说所有教师都应该有道德教育的意识。我认为，研究教师的道德教育意识、道德自主性是很必要、很有意义的。

朱小蔓：你们那里怎么看待教师专业化呢？我个人觉得教师专业化的概念包含教师道德意识、道德自主性。如果没有这种意识和自觉性，他对于自己对学生会产生怎样的影响会毫无意识。记得您 2001 年在南京师范大学道德教育研究所举办的国际研讨会上做过一个报告，论证过一个重要的命题，即教学就其本质而言是一种可以随时扩展的道德实践活动。我当时觉得很新颖，但没全理解。

博伊德： 我刚才说要研究教师，就是想研究教师的道德自主性。

朱小蔓： 杨韶刚教授把您那篇报告翻译出来了，放在由我主编、南京师范大学出版社出版的《道德教育论丛》第二卷里。我这次为了与您讨论还带了那本文集。

博伊德： 谢谢你们。

朱小蔓： 您在报告中称"教育是一场独特的人类道德的谈话"。您的论证挺复杂的，令我印象深刻的是，您说您的教学观是把教师放在道德驾驶员的座位上，以便在迷恋专业化的时候不至于迷失方向。这话我觉得特别入耳。后来报告翻译出来，里面有这样的表述：在这两种概念发生冲突时，我们必须把我们对专业人员的要求重新概念化，而不是把教学压缩成一种专业概念，从而剥夺了教师的道德自主性和完整性。

博伊德： 是的。我认为，当我们谈教学专业化时，有一个尚未解决的道德紧张状态。

朱小蔓： 也就是说，教师专业化的道德维度没有彰显出来。一说教师专业化，好像主要是学历、学识、教学能力。教师在教学过程中对学生道德以及人格起什么作用没有说清楚。

博伊德： 我一直认为，教育是一种道德的谈话，如果不考虑学生是道德谈话的一部分，这种谈话就是不完善的。

朱小蔓： 这怎么说？

博伊德： 就是说，我们不能只用关于教育目的的概念来谈论它们，如果这样做，就是把教育变成某种别的东西，即采取客观化的态度，将自己置身于作为道德谈话的教育之外。只有当我们的教育观念的接受者同时也是积极的参与者，他们自己积极投身这种活动时，这种特殊形式的道德才是完善的。只有当某人具有积极表达出来的意图，想邀请那些还没有参与进来的人加入这场谈话的时候，教育才算是真正发生了。我认为，正是教师扮演了这个角色，从道德上讲，他们就是那个积极的声音。

朱小蔓： 我当时不太理解您的意思，后来我几次阅读您的译作，您的意思是，教师对自己在教学中的道德影响，对要成为完善的人的看法，必须给出自己的理由，并被学生理解为教师自己的理性。

博伊德： 是的。我说过，学生天然地有一种非常敏锐的识别不真实和伪善的能力。如果教师给出的是他人的理由，那么，他们在教育上就是不真实的。充其量采纳的是一种客观的态度，把教育的道德谈话变成了某种别的东西，其实常常是一种权力游戏。

朱小蔓： 在学生眼中教师是权力者。

博伊德： 其实学生知道这一点。只有真诚地给出他们为什么要教某些东西的最终理由，教师才处在这样的位置上，使学生听到他们道德的声音。

朱小蔓：您是说教师要真诚？

博伊德：是的。不能给出一个人自己的理由，就会使教育变成某种别的东西。不真实和灌输必须被明确禁止。总之，当我们谈教师专业化时，关于伦理道德必须被重新考虑。

朱小蔓：您认为教学的伦理道德要重新概念化？

博伊德：要让教师对自己没能在教学中发出积极的道德声音，没能使学生参与到教育的道德谈话负起责任而抱有歉意、抱有敏感。他们需要有一些知识、技能，才能避免这种失败。

朱小蔓：那究竟是什么呢？

博伊德：那是哲学的知识、技能和倾向，是"认识你自己"。

朱小蔓：您是说教师的反思意识和能力？

博伊德：可以这么说。"认识你自己"既是对专业教师的一种要求，也是苏格拉底式的美好生活。

朱小蔓：苏格拉底首先是一位道德意义上的教师。

博伊德：教师本人在有效地邀请学生参与进来之前，必须学会从教育的道德谈话内部来讲话。

朱小蔓：这要怎样才能学到呢？

博伊德：可能确实需要几年"高级的学习"，类似于扩展的精神分析式的临床教育学。

朱小蔓：这几年，我们也常听到"临床教育学"这样的概念，这可以看作教师很重要的知识。可惜我们的教师很少受过这样的训练。

博伊德：的确，这是今天的教师教育缺乏的。教师教育必须关注教师的道德自主性。这也是我为什么想做这方面研究的原因。回去后我要去争取项目资助，因为需要做实证研究。

朱小蔓：需要哲学、心理学以及教育实践工作者一起来做。

博伊德：我现在把几个方面结合在一起做，虽然比较困难，但非常必要。

朱小蔓：我也希望探索出一种由数个学科结成联盟、结成研究共同体的方式，寻找一种有效的机制。在现行体制下，这是不容易的。

一个学术生命特别旺盛的人
——德怀特·博伊德教授印象记

德怀特·博伊德,一位睿智的教育学者,具有哲学家气质。脸上浮现着幽默甚至有些狡黠的微笑,一双眼睛像要把你看透。他是加拿大多伦多大学教育理论政策系教授,我在南京师范大学筹建道德教育研究所时,首任副所长杨韶刚博士把博伊德及其学术带入我的视野,迄今我都感到这是一个重要的学术机缘。

他的思想、学术研究属于越读越觉深刻,每读一次总能发现新东西、生出新感受的那种类型。2001 年 5 月,南京师范大学道德教育研究所举办"多元社会中的道德教育"国际研讨会,他发言的题目是《专业化与教学:尚未解决的道德紧张状态》。那是我第一次倾听他的学术思想,一个新颖的命题——教育是一种道德谈话——进入我的认知。教育具有道德性,这毫无疑问。但为什么把教育比作道德谈话,教师在谈话中充任什么角色,教学工作的道德性如何体现,强调教师专业化与体现教学的道德性有什么紧张关系,都是我过去未曾深入思考的问题。

一次研讨会，他、他的学术论题给我留下了印象，但如果不是再次相遇，印象便被渐渐淡忘。有幸的是两年半后，我到中央教育科学研究所工作，我们聚首上海，在联合国教科文组织亚太地区教育峰会道德教育圆桌会议上讨论道德教育。他继续沿着两年前的思路，思考教师在教学中的道德自主性，而且着手与心理学教授合作研究，寻找实证支持。我与他利用会议间隙进行了对话。

从那以后，教学的道德性、课程与教学活动中的道德教育、教师专业化发展的道德维度等话题一直萦绕在我心头。围绕它们，我写了一些文章，也指导博士生以"课程德育"为题完成博士论文。可以说，我对道德教育从课程、教学，尤其是从教师方面去开掘、去拓展，其敏感性、自觉性是博伊德教授植入的学术种子。不过当年主要是由于新鲜感，"课程德育"引起了我的注意，但我并没有真正理解其中的奥妙。

最近几年，国内关于教师职业发展专业化的讨论不绝于耳，虽说也承认专业化的伦理维度，但鲜有人从这一角度深入研究。我们还是把教师研究与道德教育研究分作两个专业领域，较少交叉研究。如果课程教学、学校教师没有道德自觉性，不能保证教学活动、师生关系的道德性质与道德方向，那么学校中的道德教育究竟根在何处，命在哪里？又有多大的发展空间呢？

有几年我与博伊德教授没有机会见面，一次听多伦多大学一位教授说，他还常提起我，说记得我忙碌的样子。听说他两年前退休了，但依然在钻研道德教育哲学，以往他多是写论文，如今他埋头写专著。2011年度的国际道德教育学术年会在南京师范大学举办，年会设有以美国著名道德教育专家柯尔伯格命名的"柯尔伯格主题演讲"，每届只设一个主讲人。博伊德被邀为主讲人，可见其重要的学术地位。他的学术生命力真够顽强啊，我由衷地为他高兴。

2012年11月26—28日，我的学者朋友、美国南伊利诺伊州立大学终身副教授、山东师范大学"泰山学者"于天龙博士成功举办了一次以"多元文化与道德教育"为主题的"泰山论坛"，我有幸赴会做演讲嘉宾，与博伊德再次会面。时隔整整十年，我们又为同一个主题、同一个学术理想走上同一个讲台，激动、兴奋、亲切之情可想而知。博伊德是哲学家罗尔斯的弟子，博伊德批判了西方公民理论中的自由主义学派，对自己老师的观点有了补充和延展性的研究。他的逻辑分析与推导能力训练有素，细腻而强悍。没有一定的哲学基础，在现场很难听懂他的报告。我其实也不能贯通地理解。不过，由于有了2001年和2002年的接触，以及之后数次回顾他关于教师道德自主性的阐述，我意识到他报告中贯串着这些年他的研究的一条主线——人的自由与道德自主，意识到他一贯的价值旨趣——推崇人的自我反思。除了关注制度公正外，他特别提出优势群体中的个人需要警惕和反省群体的不道德行为，并需要自我反思，这对于保持社会公正十分重要。我由衷地赞赏他的研究有了新的延展，为他学术生命的旺盛与长青而高兴。

今天，我们如何认识
苏霍姆林斯基教育思想

——与乌克兰教育科学院院士
苏霍姆林斯卡娅的对话

朱小蔓：今天非常高兴在苏霍姆林斯基教育思想国际研讨会上和苏霍姆林斯卡娅这么近地坐在一起，来探讨一些我们共同关心的苏霍姆林斯基教育思想的话题。

我非常钦佩您作为苏霍姆林斯基教育思想的传人，这么多年来一直为苏霍姆林斯基教育思想的传播和发展坚持不懈地工作。我想，苏霍姆林斯基的思想应该是属于全人类的，同时也应该是面向未来的。

苏霍姆林斯卡娅：是的。我是学教育史出身的，我希望从世界的角度、比较的角度，而不只是从乌克兰的角度来谈苏霍姆林斯基。因为，世界上不同的教育家从不同的角度探讨人类教育的共同问题，苏霍姆林斯基应该是世界教育家群体中的一位。所以，我一直认为苏霍姆林斯基的思想不应该仅仅影响乌克兰，也应该影响世界。为此，我需要做很多工作。第一项工作是整理并出版以前没有出版的苏霍姆林斯基一些成形的著作，以及已出版作品的修订和再版。第二项工作是以列表的方式对世界各国翻译、出版苏霍姆林斯基著作和研究苏霍姆林斯基思想的状况进行整理。现在乌克兰已经出版了三本有关苏霍姆林斯基教育思想研究状况的目录册。第三项工作是整理关于苏霍姆林斯基教育思想研究的一些著作。第四项工作是支持并咨询运用苏霍姆林斯基教育思想进行工作的各级各类教育机构。我做这些工作是为了年青一代能够更容易地进入苏霍姆林斯基思想的研究领域。

朱小蔓：这些工作对世界了解苏霍姆林斯基的教育思想有非常大的帮助。但我依然想问，在您坚持带头推动苏霍姆林斯基教育思想的研究时，您是如何认定苏霍姆林斯基教育思想整个体系的核心的呢？我们可不可以说，全面地、和谐地发展个性就是苏霍姆林斯基教育思想的精髓？

苏霍姆林斯卡娅：可以这样认定。苏霍姆林斯基把孩子作为一个中心去研究，着重探寻如何使孩子全面、和谐地发展个性，而且"全面"与"和谐"这两个词应当是同等意义的。"全面"是指人的个性发展所需要的各个方面，而"和谐"是指各个方面的融合。当然，这里所讲的全面并不是说体育的、德育的、智育的每一个方面的单项总和，因为，各个方面原本就是互相交叉、互相渗透的。

朱小蔓：这就意味着，我们不能说要全面发展学生的所有方面，或者说要全面发展学生某个方面所包含的全部内容，关键是要促进学生在各个方面发展中的和谐与均衡。比如，我们不可能让学生在德、智、体等各个方面都同质、均等地全面发展，也不可能让学生全面发展德、智、体某个方面所具有的全部要素。可以这样理解吗？

苏霍姆林斯卡娅：当然。实际上，学生是不可能在德育上全面发展，在体育上也全面发展，在智育上也全面发展，在所有方面都全面发展的。真正的全面发展教育关注的是学生在所有不同方面的一种有差异的和谐。因为，个性发展所需要的各个方面都不是互相割裂的，而是相互渗透和联系着的。

朱小蔓：和谐是美的标志，也是全面发展的真正意义。我注意到，苏霍姆林斯基经常从美学的角度、从美的意义上来谈人的道德、人的全面发展。我理解，在苏霍姆林斯基的思想里，要和谐地、全面地发展的，不只是人的知识结构，也不只是人的各种能力，而是指向人的完满个性。因为，苏霍姆林斯基认为，一个学生一方面要掌握各门学科的基础性知识；另一方面要在某一门学科上有突出的兴趣和特长以凸显其才能、尊严、自信和今后持续发展的动力，从而以鲜明的个性加入所在的集体。

苏霍姆林斯卡娅：苏霍姆林斯基强调的就是要在集体中和谐、全面地发展个性。只不过这个集体是有着共同追求和兴趣的集体，共同的兴趣可以促使个体提高兴趣。

朱小蔓：您做的这个阐释很有意义。有关集体和个性之间的关系问题一直不太好理解。苏霍姆林斯基究竟是如何认识和把握集体与个性之间的关系的？究竟集体对个性成长能不能产生作用？有什么样的作用？是如何产生作用的？关于这些问题，我们过去研究不够。如果把他所说的集体理解为高于个体的存在，将他所说的集体主义理解为整体主义，那就很容易导致个性在集体中消解，集体也会丧失对个体成长的丰富意义。据我观察，我们对苏霍姆林斯基的集体与个性的关系没搞清楚，甚至还存在误解。

苏霍姆林斯卡娅：各国的文化不同，思想与阅读的历史环境不同，存在一些误解是必然的。所以，我们应该有更多的交流。其实，我倒非常想听听您对集体和个性的看法。

朱小蔓：我想，集体是由丰富的个性组成的，每个人的才能和天赋组成了集体，因而集体不是由一个单一的价值体系构成的。但集体中又必然会存在最有价值的权威，或者说存在着一种核心的价值。这种权威价值是为大多数人所认同的，是经历过时间的磨砺而沉淀下来的。每个个体都能分享集体的权威价值并以自己的方式给予认同。个体绝不是一堆马铃薯，如果他们生存的集体缺少公认的价值，集体就变成了乌合之众。集体应该也必须用最重要的东西、最有价值的东西来影响个体个性的成长。这样，集体就变成了对个体有着精神作用的组织了。反过来说，集体如果不具备这样的作用，它也就不可能成为个性发展的土壤。我始终认为，个性的发展就是个体不断分享个体之外的社会性财富的过程，而个体之外的社会性财富来源于集体的思想。学校教育应该重视让学生在集体中分享这种个体之外的财富，个人也以自己独特的精神财富来补充、丰富集体，以满足不同个体个性成长的需求。

苏霍姆林斯卡娅：我非常赞同您的看法，尤其欣赏您提出的"个性的发展就是个体不断分享个体之外的社会性财富的过程"这一观点。我觉得，这就是苏霍姆林斯基强调个性发展需要集体的本质。这样来理解个性与集体的话，个性就不是屈从于集体，而是服从于集体中核心的威信。

朱小蔓：所以，越是由不同的多样个性组成的集体，集体所提供给每个个体的"个体之外的社会性财富"就越多，集体所蕴含的影响个体成长的力量就越大，集体所能生发出的有利于个体个性发展的资源就越丰富。所以，我理解的集体不是结构均质的统一体，也不是个体需要去服从或对抗的外在物，而是个体在其中受到精神文化滋养的共同体。

苏霍姆林斯卡娅：您讲得很有意义。如果您不反对的话，我想说，您这样来理解集体和个体个性之间的关系，是对苏霍姆林斯基教育思想的一种具体化的解读，这是对苏霍姆林斯基教育思想的一种丰富。

朱小蔓：谢谢。因为我们喜爱苏霍姆林斯基，希望他的教育思想在中国能得到传承和持续的生长，所以，我们希望能更准确和深入地甚至是发展性地理解苏霍姆林斯基的教育思想。下面，我想再问一个问题，在苏霍姆林斯基教育思想体系中，情感教育的实践和情感教育思想占了很大的比例，这是我尤其感兴趣与关注的内容。我想请教您，苏霍姆林斯基的情感教育是不是与现在我们对情感教育的理解基本相同，即把孩子情感品质的发展作为情感教育的目标来处理？而且，这些年来我们所做的情感教育，不仅仅把情感当作手段去提高教学、教育的效能，而且更重视把情感品质的培养作为教育的目标之一。

苏霍姆林斯卡娅：我的理解，单单从手段或过程来研究情感教育是很少能够研究透的，因为实施情感教育还取决于教育者确定了什么样的教育目标，尤其是德育的目标，还取决于教师如何理解情感教育的任务，等等。也就是说，实现这种教育既要有一定的手段，也要有保障它实施的目的；而且情感教育的手段和目的往往是相互交叉和转化的，有时很难在教育的过程中将二者清楚地分开（尤其是与道德目的）。

朱小蔓：确实，在情感教育的过程中，情感教育就和道德教育合二为一了。如果进一步问，苏霍姆林斯基思想中的情感教育是不是主要和道德教育相联系，还是说在智力教育中也有情感教育？照我的理解，智力活动中有情感的教育，体力劳动中也有情感的教育。因为情感教育的主旨就是发展孩子的情感，所以，不受时空的限制，也不应当限于某一种学科的教育环境。

苏霍姆林斯卡娅：我想用"情感文明"这个词来表达情感教育的宗旨。因为，情感教育就是让孩子去体验诸如交往、信念、尊敬、同情、悲哀、快乐、爱和互助等情绪、情感的教育，这样的教育将人的情绪、情感汇集在一起便会促成学生产生一种美丽的情感，也就是形成一种情感文明。如果情感教育让孩子形成情感文明的话，就等于让他们有了多样生活的体验，从而具有了独立判断和选择的能力，哪怕在独立的环境里，也能做出道德方面的正确抉择。

朱小蔓：您使用"情感文明"这个概念很有价值，我觉得它的概括力很高。它使情感跨出了心理学、社会学的阈限，进入了人类学的视野。毕竟，人类文明要以情绪来表征并被情感所体验。"情感文明"这个概念从一种高度捕捉和把握住了情感对于人和人类生存与发展的意义，并提高了情感教育在教育体系中的地位和作用。

苏霍姆林斯卡娅：谢谢。这是一种对情感教育目的或结果的表达方式。

朱小蔓：当然，您所使用的"情感文明"，我们所使用的"情感品质"，其实都共同关注人的一些重要的、基础性的社会性情感，比如关爱、同情、善良、责任感等，并且意识到它们对人的德行品格的作用。当前，无论是中国还是乌克兰，都面临着社会转型。面对激烈的社会竞争，教育的环境发生了很大改变。要形成您说的那种"情感文明"或我们强调的"情感品质"，是对我们进行情感教育的严峻挑战。如何应对这样的挑战？我想，今天的情感教育已经不能再用传统的方式进行了，必须让情感教育回到孩子的生活、学习活动中，不仅要关心他们学到了什么知识，更要关心他们在学习中感受到了什么、体验到了什么，而且还要关心他们与老师、同伴、家长之间的情感交流，这些才是情感发育、生长的重要土壤。孩子感到了学习的快乐与自信，还是感到了烦闷、自卑和压抑？孩子感到自己与他人的关系是亲密还是生疏？孩子情感体验质量的好坏关系到他们的情感与精神发育。当孩子处于没有人道主义关怀、没有安全感的状态下，是无从谈起情感教育的。所以，我主张今天的情感教育要关注孩子的日常生活，关注他们的生存环境和质量。

苏霍姆林斯卡娅：是的，知识通过主体自身情绪、情感的个性化后，就比死记硬背的要好得多。教师必须要有关于人的知识，使孩子获得学习（包括道德学习）的兴趣。再漂亮的房子和校舍，如果没有孩子发自内心的、有情感意义的笑声，学校就没有生命力。

朱小蔓：情感教育的意义也在于使学生能更多地在正向的情感体验状态中学习。当然，这要求教师有教育才干，但更要求教师有道德层面的素养，包括人道主义的情感，对于孩子朴素的爱，给予孩子自尊、自信、充满安全感的情感体验环境。

苏霍姆林斯卡娅：是的，而且我认为，学生获得的正向情感体验必然包含着道德的成分，从这点来讲，情感教育与道德教育是不能分开的。

朱小蔓：我同意您的观点，甚至可以说，各种教育过程中都存在道德价值问题，有一些道德价值甚至是永恒的，它们不因时代和教育环境变迁而改变。

苏霍姆林斯卡娅：我也非常赞同。例如，苏霍姆林斯基就非常重视特殊孩子的健康问题。在苏霍姆林斯基教育思想里有一个专门的名词叫"治疗教育学"。治疗教育学是教身体特殊的儿童如何与普通的儿童交往。我认为治疗教育学应该被认为是苏霍姆林斯基首创的，其中包含主张形成孩子健康的交往，这就是一种永恒的道德价值。再比如说，爱国主义也是任何时候都不过时的道德价值。爱国主义教育在苏霍姆林斯基的教育思想里有很重的笔墨，比如蓝天下的学校、大自然的课堂，还有我翻译的那本《做人的故事》，如今在乌克兰的教育，尤其是学前教育中也发挥着重要的作用，并且具体地反映在了学校的教材里。

朱小蔓：可不可以这样理解，在苏霍姆林斯基的教育思想里，非常明确的就是，道德要以最基本的人道主义为基础，而且从基本的做人开始，比如善良、同情等？同样，可不可以这样认为，不管今后世界如何变化，基于人道主义的基本的道德素养仍是人类共同的品质；社会再怎么样变化，这种教育都应当坚持下去，而且坚持从早期做起？

苏霍姆林斯卡娅：我想，可以这样说。实际上，苏霍姆林斯基的教育思想有一个变化发展的过程。20世纪60年代是他思想发展的第三阶段，他逐渐总结出在整个教育中最重要的是道德价值观的教育。这一时期他的许多著作都集中谈到了人的教养问题。尤其在生命的最后一段时期，苏霍姆林斯基更是特别关注学生的道德行为，关注道德教育。的确，人本身是最宝贵的价值，人的生命也是最重要的价值，而对一个人来说，道德价值又是最基本的价值。

朱小蔓：苏霍姆林斯基认为人的价值体系中最核心、最基本、最重要的是道德价值。所以，他把道德在整个教育体系中凸显出来，并将道德教育渗透在各种教学和教育活动的方方面面。这应该是苏霍姆林斯基教育思想的一个特色。既然教育中道德价值是这样重要，教育的道德性是这样明显，那么在一个竞争的社会，在一个知识型的社会，在培养孩子的知识思维、创造能力同等重要的今天，怎样协调其中的关系，怎样在知识的传递中保障道德价值观教育，这的确是一个难题。

苏霍姆林斯卡娅：应当说这个问题非常复杂。尽管理论上我们可以说出该怎样做，但实践中常常会出现矛盾。我们的社会在转型之中，尽管我们进行了市场经济改革，但我们不能否认，道德价值的重要性依然是不言自明的，依然还有它的地位。比如说，爱母亲、爱孩子，无论是什么样的改革，这仍然是人最基本的道德价值。

朱小蔓：是的。永恒的东西是价值观中最基础的，它是可以超越时空的，是人类共同的东西；它们最接近生命的本能，也最接近自然。甚至可以说，越是基础的，越是永恒的；越是永恒的，越是自然的。而孩子就是自然的，他表现着生命的本能，其所接受的东西就更牢固。要使人形成永恒的价值观，越早进行教育越好。

苏霍姆林斯卡娅：而且，我认为在孩子越小时，越多地把社会的现实情况教给他们，越有助于其形成永恒的价值观。

朱小蔓：我非常赞同您的观点。这其实就是面对现实的态度，一种不回避的态度。因为生活就是这样。俄罗斯教科院院长尼康德罗夫有一个观点，认为许多东西是这样，只因为生活就是这样。这样的生活是一个整体。因而学校教育要把社会的真实情况越早地、越全面地用合适的方式告诉孩子，从而使教育贴近生活，促进学生在生活中成长。

苏霍姆林斯卡娅：对。社会是依靠人的成长来发展的，依靠人丰富的能力和人对社会的贡献来发展的。苏联解体之后，乌克兰学校 7—10 年级开了一门新的课程——公民教育，它融合了爱国主义教育、法制教育、道德教育。课程的现实意义之一就是让学生理解国家发展的现实。

朱小蔓：您所讲到的公民教育包括政治教育、道德教育、法制教育，这与我们为初中学生开设的思想品德课程有一致的地方。这也正好说明了永恒的价值观是不分国界的。

苏霍姆林斯卡娅：是的。在公民教育课程中，我们给孩子讲他每天生活当中应有的权利，告诉他应当怎样行使和捍卫自己的权利。比如说他去买东西，人家找钱找得不对，他应该怎么办；比如说人们对他的某些申请置之不理时，又应该怎么办。

朱小蔓：就是说，苏霍姆林斯基教育思想在今天的乌克兰已经面向了开放的社会，面对着一个经济、法制社会的检阅了？

苏霍姆林斯卡娅：可以这样说。1969 年苏霍姆林斯基写完了《公民的诞生》这部著作。在这部著作里，他分析了临近 14 岁孩子的生理、心理发展，从公民教育角度去分析内心充满矛盾的这样一个年龄的特征。尽管时代变迁，苏霍姆林斯基所用的具体例子可能已经不适用，但是苏霍姆林斯基那种公民教育思想的实质和内涵现在仍然对人们有相当大的启发。

朱小蔓：对于中国来说，学习苏霍姆林斯基教育思想，不能只是做理论研究，而必须与中国的现实情况相结合，进行实践的发展性研究。更进一步说，就是要通过中国教师自己的活动来对苏霍姆林斯基的教育思想进行扩展和补充。说到这儿，我很想问您，这样一种坚守教育自身道德性的信念，对乌克兰今天的年轻教师还有效吗？你们今天是不是还用这样的思想去教育教师？当知识教育和道德教育存在矛盾时，你们又用什么方式来评价教师的工作？我觉得这个问题实在是太重要了。因为我们作为理性的人，或者作为保有信仰的人，觉得就是应该这样来做教育，就是应该坚守教育具有道德性这种信念。但是现实中我们会碰到很多困难。学校追求升学率，教师不得不给学生施加压力。现实社会讲求效率，而道德的教养却需要很长时间才能看到它的效果，我们无法及时有效地评价教师，那么我们又怎么鼓励教师坚持教育信念呢？我们又怎么提高教师这种教育素质呢？实际上，教师内心是有冲突的，校长也是如此。在乌克兰有什么办法吗？让苏霍姆林斯基这种坚定的教育信念一代一代地传扬下去，使得教师这个职业永远保有这种真正的教育信念？

苏霍姆林斯卡娅：应当说这个问题是现在最复杂、最重要的问题。但我们国家的教师状况跟你们不太一样，因为我们现在的教师主力军是退休人员，起码一半的教师是退休的人，高等学校 80% 都是老教师。这些教师接受的教育都是苏联时期的教育，即接受的是与苏霍姆林斯基时期差不多的道德教育。他们能理解和坚守这样的教育信念。而中年的教师很少，因为教师工资极低。最年轻的那一部分是师范院校毕业的学生，所占比例很小，这些教师缺乏社会阅历和经验，教师只是他们谋生的一种职业，所以他们除了教课之外，没有觉悟去丰富自己和完善自己的道德，或者去实施道德的教育，并且常常将道德教育与报酬联系起来。

朱小蔓：这也是市场经济下的问题。

苏霍姆林斯卡娅：我认为，尽管教师面对的孩子和面对的社会发生了相当大的改变，但我们刚才说的那种永恒的道德价值是不能丢弃的，这也是我们传承苏霍姆林斯基教育思想必须坚持的。

朱小蔓：据我所知，您每年都在乌克兰召开苏霍姆林斯基教育思想国际研讨会，应该是每年都提出许多新的问题，引入许多新的信息，那么，您对苏霍姆林斯基教育思想的传承与现代化有什么样的前景预测呢？

苏霍姆林斯卡娅：我对苏霍姆林斯基思想传播是充满信心的，我相信他的思想不会过时。现在，每年来参加国际研讨会的国家在增加，人员也在增加。苏霍姆林斯基是人道主义者，他用全部心灵而不是用知识做教育。我们不能要求所有的人都这么做。这要看教师个体的情感状况，其热情、其坚韧度，看其心灵、精神的状况。我认为，只有具备这种情感和精神条件的人才能理解苏霍姆林斯基思想，否则，你同他讲，他也是不会懂、不会理解的。

朱小蔓：新的师范毕业生怎样呢？他们愿意到农村学校去吗？

苏霍姆林斯卡娅：目前在乌克兰，师范生可以自由选择工作，他们通常不愿意到农村去。可当权者却大讲职业选择自由，致使农村教师供给问题没有希望解决。在乌克兰，现在留在农村的基本上是老年人，乡村学校也是老教师。当然也有些农村社区，因为有工厂企业，就有社区文化方面的条件，一部分青年教师愿意留下来。我想，如果年轻的教师接触到苏霍姆林斯基的思想，能在内心引起一种反响，产生进一步的联想，并能继续钻研这方面的理论或实践经验，苏霍姆林斯基教育思想在年轻教师那里就得到了继承和发展。所以，苏霍姆林斯基教育思想的进一步传承取决于广大教师，取决于热爱苏霍姆林斯基教育思想的教育工作者。我们注意到，要加强教师教育方面的科学研究，要提升教师的教育科学研究意识。

朱小蔓：关于这方面，乌克兰的教师做得怎么样？年轻教师做得怎么样？中国和乌克兰都需要出现越来越多苏霍姆林斯基式的教师。

苏霍姆林斯卡娅：人们常问，苏霍姆林斯基是怎么写出那么多著作的？他哪有那么多的时间？其实，意识最重要，正是他有这种意识，他的思想、理论就从他的教育工作中产生了。他的劳动思想从哪里来？主要是从帕夫雷什中学的管理工作中来。他提出什么是儿童，什么是教师，什么是劳动，都是从实践中来的，并不是从理论文献中来的。他经常想的问题就是：教育究竟是为了什么？他从教育是什么，引申到人应该成为什么样的人，比如爱劳动、勤奋、正直等。教育要做什么，正是基于人应该成为什么样的人。

朱小蔓：我想坦率地告诉您，有人可能觉得，在现代市场经济条件下，苏霍姆林斯基思想已经很难用在今天的学校里，您怎么看待这种说法？

苏霍姆林斯卡娅：时代的发展使现实社会越来越复杂，也越来越严酷。但我认为，恰恰是这种情况，使人们越来越渴望真诚、渴望善良、渴望真实。我也确信，这个时代人们会更加怀念他，会越来越需要用苏霍姆林斯基教育思想去琢磨现实，这是人们的一种精神追求。

朱小蔓：这就是说，随着人类文明的发展，当人们发现所谓的现代文明并不能解决人类自身发展的全部问题的时候，人们还是要回到这些思想大师那里去寻求指引。

苏霍姆林斯卡娅：他是走在时间前面的人，他的思想不会过时。如果说他的思想有什么现实挑战，那就是我们要使他的思想适应现代。在我看来，他一生丰富的教育经历和勤奋的、系统的学习使他可以从文化的角度谈教育，形成了自己独特的教育文化学。他高度重视心灵教育、道德教育，这都是我们这个时代特别需要的。

朱小蔓：是的，苏霍姆林斯基教育思想正是这样一盏引导人类走向健康文明的明灯。

苏霍姆林斯基教育思想的
忠实继承人与卓越传播者
——苏霍姆林斯卡娅印象记

　　苏霍姆林斯卡娅———一位与我年龄相仿的乌克兰学者，长着一双与她父亲相像的大眼睛，有着一颗与她父亲一样的爱教育、爱孩子的火热的心。她是享誉世界的乌克兰教育家苏霍姆林斯基的女儿，乌克兰教育科学院院士。她作为苏霍姆林斯基教育思想遗产的忠实继承人和卓越传播者，以自己的工作为人类的教育文化宝库做出了重要的、难以替代的贡献。

　　由于学俄语的缘故，更因为对苏霍姆林斯基的景仰和热爱，我早有邀请她来中国讲学的愿望。2001 年，我在兼任南京师范大学道德教育研究所所长期间本已商谈好请她前来晤面并讲学的计划，临近会期，不巧她因心脏不适改了主意，让我遗憾了好一阵子。

　　2004 年，我们终于见面了。

　　我们在江阴华士实验学校举办中央教育科学研究所与江阴

市政府合作的苏霍姆林斯基教育思想研讨会。在华士实验学校开这个会，在这里迎接苏霍姆林斯基的后人和研究者是再合适、再恰当不过了。

华士实验学校早在几年前就与苏霍姆林斯基当年工作的帕夫雷什中学结成了姊妹学校。吴辰校长带着教师们去过帕夫雷什数次，还慷慨捐建了一座小楼。吴校长复制了设在基辅的苏霍姆林斯基博物馆的大部分展品，使华士的苏霍姆林斯基纪念馆成为唯一一家设在乌克兰之外的苏霍姆林斯基纪念馆。

的确，在华士从吴辰校长起，几乎所有的教师都是苏霍姆林斯基的崇拜者，几乎所有的教师都有苏霍姆林斯基的著作，都阅读苏霍姆林斯基的著作。在教师的教育研讨沙龙上，在教师的教育笔记中，大段大段地记述着他们学习苏霍姆林斯基教育思想的体会。我敢说，在中国现今的中小学教师队伍中，你若问他们知道哪位国外的当代教育家，统计起来，苏霍姆林斯基的得票率一定最高。我也敢说，在中国，在一所学校里，有那么多的教师热爱、熟悉苏霍姆林斯基的思想，并且身体力行，贯彻到日常教育教学工作中去，恐怕莫过于江阴华士实验学校。

开会时的盛况令人感动。大礼堂里挤满了崇敬苏霍姆林斯基的中国教师，江苏省教育厅副厅长和无锡市政府领导也赶来致辞。

苏霍姆林斯卡娅的报告受到大家的热烈欢迎。人们把对苏霍姆林斯基的热爱投注到她的身上，人们从内心感激她竭尽全力整理苏霍姆林斯基的文稿，挖掘、阐释和传播苏霍姆林斯基的思想。由于她和同事们的努力，中国几家大出版社有机会出版从俄文转译的苏霍姆林斯基著作。

苏霍姆林斯卡娅不仅每年9月在乌克兰举办一次苏霍姆林斯基研讨会，还主持着乌克兰的苏霍姆林斯基研究中心，苏霍姆林斯卡娅不仅做理论上的整理阐发工作，而且在中小学建有多个实验基地。研究机构还设到了德国，由她亲任主任，为此她常辛勤奔波于乌克兰和德国两地。最近两年，研究机构又设到了美国。

可是，苏霍姆林斯卡娅对中国情有独钟，对中国的苏霍姆林斯基热特别感动，感念在心。会上，当她说"这次会议的同时，美国方面也邀请我过去，但是，我还是坚持到中国来，我应该到中国来！"全场长时间响起热烈的掌声。

我很自豪中央教科所有一批同道与我一样热心苏霍姆林斯基思想的传播。

由于以苏霍姆林斯卡娅为首的一大批乌克兰及各国人士的热心传播、学习和践行，苏霍姆林斯基的思想如艳丽芬芳的花朵在中国教育界绽放，如四季常青的松柏在中国教育界伫立。

我相信，这一定是外国教育家在中国影响最深广的典范。为什么有如此盛况？我相信，除了政治、文化的原因外，有一位像苏霍姆林斯卡娅这样忠诚的苏霍姆林斯基思想遗产继承人必定是原因之一。

跟进知识社会：现代教学
理论中的几个基础性问题
——与萨夫琴科的对话

朱小蔓：今天，借苏霍姆林斯基教育思想国际研讨会在江苏省江阴华士实验学校举行的机会，与萨夫琴科院士坐在一起讨论问题，我很高兴。我与您是第二次见面了，第一次是在南京，那时您应邀参加南京师范大学道德教育研究所举办的道德教育国际学术会议，您的发言给我留下了非常良好和深刻的印象。

我知道您是教学论，特别是教学研究方法论方面的专家，善于从方法论的角度对教学问题进行深入研究，同时您还担任过教育部副部长的职务。因此，我想从两方面来了解您对苏霍姆林斯基教育思想的独特视野：一方面是您作为教学论专家，如何从理论角度看待苏霍姆林斯基的教育思想；另一方面是您作为乌克兰教育改革的领导者，如何从实践角度对待苏霍姆林斯基的教育思想。

萨夫琴科：作为学者，我主要从事中学教学及其研究。最近十年我主要参与教学内容国家标准的制定工作。前几年主要参与制定小学教学内容的国家标准，去年转入做中学的。这方面很棘手的问题是怎样既保持民族传统又能适应时代的新要求。

朱小蔓：对我们国家而言，这也是很棘手的问题，可能比你们更为棘手。因为，我们幅员辽阔，区域发展不平衡，而我们又必须跟上知识时代所昭示的发展方向。因此，我们更加想了解，苏霍姆林斯基教育思想在当今国际视野下如何运用，你们是如何处理对苏霍姆林斯基思想的继承与应对现代社会变化之间的关系的？

萨夫琴科：苏霍姆林斯基是苏联时期的教育教学专家，他关注的核心就是教学的科学性和艺术性。现在我们学校现实的最大任务就是怎么精简教育内容并保持它的科学性，以及怎样与教师和家长一起来理解和做这件事。

朱小蔓：我们知道，苏联十分强调科学性、学科性和基础性，中国教育在 20 世纪 50 年代就学习苏联，也十分强调教育内容的学科性、知识性，并以知识基础是否扎实作为教育评价的重要指标之一。因此，在中国当前的基础教育课程改革中，在素质教育的推进中，在学生"减负"遇到阻力的情况下，必然遇到与你们一样的问题，产生教师、家长，乃至整个社会对学校教育及其教学内容的重新理解问题。

萨夫琴科：现在的情况确实发生了很大的变化。对此，我们有几个基本的观点：第一，我们必须与国际接轨。过去我们是 11 年义务教育，现在是 12 年。第二，在义务教育时段不可能把所有知识都教给孩子，而要让孩子打好基础，让他毕业以后能自己学习。

朱小蔓：是的。我们不能只是笼统地说"教孩子学会学习"，而应该是"教孩子学会自己学习"。我们时常会将教会孩子学习理解为教会他查字典、查资料，教会他解题、上网等，而这只是属于学习的方法和技能问题。"自己学习"的内涵远比此丰富，它还应该包括孩子学习的态度、愿望、动机和热情，也就是说，"自己学习"是学习主体积极的情感活动，是孩子自己"动起来"并从中获得知识的情感体验的过程。

萨夫琴科：这才叫"自己学习"。第三，是必须关注孩子的健康，尤其是我们曾经发生过切尔诺贝利核电站的悲剧。乌克兰孩子的健康状况在下降，所以怎样使我们的教学、使学生的学习负担保持在一个最低限度以保证他们的健康，成了一个迫切的问题。

朱小蔓：健康与学习的关系也是我们关注的一个问题，你们所强调的"最低限度"表达了一种科学的研究态度和取向。

萨夫琴科：第四，从心理学的观点来看，我们不能够将精力用在不断扩展知识的范围上，而必须集中精力找到恰当的教学方式。圣彼得堡心理学家玛丽亚不久前做了一项心理实验，有很重大的发现。其结论就是知识的范围和深度对于思维发展的影响并不像以前所说的那样重要，而重要的是必须顾及对知识的思考、对知识的组织、对知识组织的自由化，以及能够把这些知识加以应用。这个问题实际上不光对我们乌克兰是非常迫切的问题，对俄罗斯、德国，乃至全世界也是这样。那么庞大的信息量怎么教给孩子？必须有一个选择，必须有一个限度。欧盟设有一个教学研究委员会，我们也参加了这样一个课题研究，即研究教育的内容范畴怎样涵摄必要的学习知识，并能够在中学阶段教给学生。

朱小蔓：在知识爆炸的时代，我们如何精简知识的内容，如何把握学生学习知识的最低限度，以及如何调整学校、教师和家长对教育固有的习惯性态度，这些问题都涉及对知识和知识学习的认识及观念问题。实际上，精简教育内容的活动本身就隐含着（而且现实中也确实存在）知识观以及知识学习观的问题。我尤其关注知识学习观，关注在教育领域中如何来认识和理解知识学习的问题，这也是课程论、教学论范畴需要加以讨论的。目前，我们对知识的认识清晰度还不够，学者们对知识、知识学习的理解也不统一，甚至存在矛盾。而学者们对此有不同的看法，是非常正常的。实际上，我们也需要通过对这个问题的讨论，来深化对教育改革的认识，并推动公众的教育理念变化，为课程改革创造良好的舆论条件。您提出知识学习的"才干"这一概念很有意思。

萨夫琴科：这个"才干"有三种表现形式：一是"学科性才干"，包括知识、技能、思维方式和价值判断等；二是跨学科的"科际才干"；三是"关键性才干"。其中"关键性才干"包括：功能性技能，主要是多写、多思考；学习技能，含组织能力、思维能力、言语能力、检查评价能力，主要指向创造性学习能力，是指能够发现问题、从事实验、总结经验等。

朱小蔓：实际上，无论是创造性学习，还是创造性教育，其活动本身就是学生多种能力综合运用的过程和结果。今天，我们国家也在提创造性，但对创造性的理解并不一致，尤其是将基础教育范畴内的学生创造性学习放在了一个"玄妙"的境地，使教师和学生都无法具体来操作。什么是学生的创造性学习？我理解它应该是内涵具体而又形式丰富的。您刚才将创造性学习能力指向能够发现问题、从事实验、总结经验等，这是一种看法；日本的佐藤学教授甚至将模仿认定为学生创造性学习过程的一个类型，这也是一种看法。这些不同的看法都将学生的创造性学习与科学家或成人的创造性活动有所区别地进行考察，使学生的创造性学习这一概念与活动过程进入了教育范畴，从而带有了教育学的意义。

萨夫琴科：创造性学习是非常重要的，其关键是指向学生的学习能力。因为，学习活动的展开是在各种复杂水平上进行的，从具体认知的活动到创造性的活动，必须有各种各样的能力才能驾驭学习。所以，我们非常关注创造性学习与学习负担的问题。

朱小蔓：是的，学习活动绝不是机械的体力劳动，它是非常复杂的，不仅是活动本身复杂，而且从事这项活动的准备条件，诸如知识、能力等也是复杂的。学习只有成为学生多层面的活动经历时，才能构成复杂结构；反之亦然。学生作为学习主体，如何准备好条件以从事复杂的学习活动，其间就含有了创造性。但我们在很多时候都将学生的学习看作笼统的、简单的、可以技术化的活动，致使学生学习活动本应该具有的创造性思考转变为机械劳动。据我所知，俄罗斯现在也十分关注学生的学习负担问题，并力图区分出必要负担和不必要负担，以减少学习的纯技术性和机械性。我想，如何真实而全面地认识学生的负担问题，以及与创造性学习的关系，是当前许多国家面临的问题。对不起，打断了您的思路，请您继续阐释"关键性才干"。

萨夫琴科：很高兴我们这样讨论。"关键性才干"的第三个内容是科技信息能力。四是保持和发展健康的能力，这主要是让孩子了解自己的身体状况并知道什么是健康，知道用什么手段去保持和发展健康的身体。为此我们开设了"健康基础与体育"课程。第五是社会性能力，即社会素养，主要是培养公民及其在团体中生活的能力，例如适应社会并知道自己要做什么，包括知道和适应社会职业定向以及认识自己，并善于交往等能力。第六是公民成长能力，让孩子知道公民的责任和义务。

朱小蔓：您刚才介绍的社会性能力中已经涉及公民的培养问题，为什么还要将公民成长能力单列出来？

萨夫琴科：为的是更加强调爱国主义。

朱小蔓：据我们所知，不少国家经过 20 世纪 90 年代以来的社会转型之后，现在又重新强调包含道德教育在内的爱国主义了。您所讲的突出强调爱国主义的公民培养，实际上是将爱国主义看作一项公民义务和权利的结合体。这与我们非常熟悉的列宁有关爱国主义的定义——爱国主义是人民千百年来积累起来的对祖国的爱——是有所不同的。列宁主要强调的是一种爱国的本能情感，而在公民成长能力中的爱国主义更强调的是公民自然具有的爱国权利和义务。这就是说对于学生——未来公民而言，既是一种情感趋向，也是一种承担义务和运用权利的需要。

萨夫琴科：是的，同时，这也是从爱国主义角度来认识和理解公民权利与义务的范围。实际上就整个欧洲来说，"关键性才干"的这几种表达方式可以不一样，但是实质内容和指向范围都一样，都想集中表达这样一种认识：教学内容不能像传统那样只讲知识传递，或形成习惯和技能，而要变成一种内在性的才干。当然在教育理论界也还存在关于改革传统教育以及应当重视哪些才干之类的争论。

朱小蔓：您用"才干"这个词来表达教学内容所蕴含的教育目的值得琢磨。才干不一定靠知识来体现，才干包含许多动态的东西，同时每个孩子都可以有不同的才干。这个词似乎比单说"能力"更丰满。

萨夫琴科：为什么要有这样的改变呢？第一，是因为站在研究的角度看，这种提法更加具有明确性；第二，是这种提法对每个孩子都有适用性，不管孩子将来做什么工作，每个孩子必须要具备这些才干。

朱小蔓：过去我们也曾经学过苏联的教学论，但是这次听您讲，感觉教学论已经有非常大的变化了，已经在非常自觉地应对知识经济社会了。如我前面所说，中国也是这样。现在中国课程改革的难题也是出在这些问题上：一个是知识的量，最低控制究竟应该怎么控制；一个是学习能力，什么叫作学习能力？是学习掌握知识本身的能力，还是其他？这些问题以及所涉及的相关问题与您所讲的"关键性才干"有着互通之处。

萨夫琴科：是的。毕竟，一个 6 岁的孩子经过 12 年的学习，到 18 岁毕业走入社会或进入高校，在这 12 年时间里，社会已经发生了重大变化，孩子的身心也发生了巨大变化，我们必须使孩子和社会能够彼此适应。所以，我们承担的责任是非常重大的。我国规定，国家统一标准、教学内容等 10 年才改变一次。这既与课程计划、教材等问题相关，更与教学质量相关。国家义务教育质量的监管应当很严肃、很严格，包括教育标准、教学过程以及教科书等。乌克兰最近十几年出版了很多书，包括教科书，仅小学就有 200 多种教科书和教学参考书，如何保证它们的质量，这使我们必须思考教育教学质量的问题了。

朱小蔓：教育教学质量实际上包含着学校的职能与责任的问题，学校教育的过程是一个"儿童成人"的过程。怎样把孩子变成大人，以及我们要把孩子变成什么样的大人……这既关系到个体对生活的意义和价值的体验，也关系到个体对社会的正确认识以及与社会的协调。应该说学校教育的"儿童成人"问题是儿童一生发展的问题，它需要非常慎重地思考和研究。而这又涉及我们刚才讲的知识的传递，以及如何评价教师对知识传递的质量问题。

萨夫琴科：是的。其实现在还没有任何一个国家对自己的基础教育感到非常满意。这很自然，因为教学是相对稳定的，而时代在不断地发展，不断提出新的要求。因此，我们必须对教育质量加以监控和管理。教育质量问题是个综合性的问题，从各个不同的方向、不同的主体来评价，结果就不同。比如，国家、学校、教师、家长会从不同的角度对教育质量提出各种要求，有的时候学生还有自己的要求。因此，教育质量是一种综合性的要求。

朱小蔓：我很赞同，教育教学质量绝不是一个孤立的存在。因为，无论在时间还是在空间上，我们都找不到某一个单独时段中的教育教学质量。我们所看到或感受到的教育教学质量实际上都是一个整体，它混合着国家、地区、学校、教师、家长、学生在一段连续的时间中所达成的相对一致的需求认识和结果认可。

萨夫琴科：不过，通常我们更关注国家对教育质量的管理。我认为，应该区分教育教学质量的不同水平层次。第一，是国家水平的教育质量，关注教育标准、教材、教师、干部、硬件设施等；第二，是学生水平的教育质量，关注学生经过教育后"想不想学"和"会不会学"，即会不会组织自己的学习；第三，是学校水平的教育质量；第四，是家长水平的教育质量。

朱小蔓：这四种水平的教育教学质量层次仍然绕不过对学习能力和知识的理解与评价，因为这是我们认识教育的一个起点。

萨夫琴科：的确如此。我们将这种学习能力分解为两个方面：一是有没有获得教育质量的动机与愿望，让学生知晓和理解"读书不是为了老师，而是为了自己"；二是能否善于学习和运用知识。我们把学生的学习状况分为以下五组。第一组是有学习需要和能力的，无论老师的好坏，占5%～70%。第二组是执行者，只做老师布置的，是为老师而学，其百分比因年龄而不同，约占15%。第三组是想学但智力不够，这与学生的年龄和心理成分有关。第四组是聪明但懒惰的，只愿意享受。第五组是不想学又不聪明的。

朱小蔓：这种类型学的分析很有价值。分类细化和具体化了笼统的教育质量。其中对学生的分组，使教师不是面对"年级"特征的孩子来上课，而是具体到"组"的特征。这样一来，教师上课不只是看到"年级"特征的孩子，而且还要看到"组"的特征的孩子以及各自的数量和分布。这正如苏霍姆林斯基说的那样，我们不只是在上物理课或数学课，我们是面对所有不同学习状况的孩子在上物理课或数学课。但不同分类水平的核心价值取向应该仍是指向人的发展，指向教学与教育性、道德性的统一。我们可以从中体会到这种分类所具有的方法论意义。

萨夫琴科：从国家的水平来管理教育质量，主要关注教育发展的硬件、教材和干部、教师等。例如，最近几年国家在关注学校的电脑问题，为学校配备电脑要花很多钱，但是电脑用得过多会使很多学生不会做物理实验和化学实验，这就不是从学生角度来看的教育质量。

朱小蔓：管理者考虑的角度是不一样的，他当然要关注四项指标：硬件、教科书、教师以及干部的配备，这是国家行为。可是学校、家长、学生来看教育教学质量其实是不同的。

萨夫琴科：而且，国家对教育质量的管理总是关注易于检查的项目。

朱小蔓：我们谈教育质量，从学生的角度也好，或者从教师的角度也好，我们都会涉及一个永恒的话题，就是教学过程中教学和教育的一致性和相互渗透性，这也是苏霍姆林斯基教育思想的精髓。国家对教育质量的监管偏向易于检查的项目，从教学而言就是偏向看得见的教学环节、步骤以及一些外显的结果。但蕴含在教学过程中丰富的道德性、教育性却往往检查不到，或者难于检查，或者因不一定能在检查的时刻反映出来而无法真正地检查。

萨夫琴科：所以，我提倡综合性的教育教学质量要综合地对待。国家、学校、教师、学生等各自对自己影响教育质量的部分负责。例如，学生就应该主要为学习的动机、目的和愿望负责。同时，我们现在对教学的教育功能的看法较之以前发生了很大的变化。我们以前的德育往往说想培养共产主义接班人，这与儿童的生活有一定的距离。现在我们教学中的德育问题关注的是孩子们在这个年龄段里最关键、最迫切的问题和需要。比如说游戏、交往、社会实践、社会联系等。教师组织教学不是让孩子完全为了国家，而是为了满足孩子的需要。我们让孩子在各种活动中学会承担各种角色。现在的德育要跟环境结合起来，通过环境来进行。环境对学生会产生教育影响，慢慢形成一种习惯。

朱小蔓：对。学校教育除了有目的、有意识的教育外，还要使孩子在无意识中接受德育，通过营造学校环境让孩子接受教育。我始终认为，学校就是一个文化场，不仅有着表现为文字的、师生口语的文化，有着表现为自然环境的、师生身体的文化，还有着表现为一种体验的文化。它是教育者和受教育者在特定教育活动场景中，对进入这个场景的人、事、思想所产生的情感。教育正是把自身演绎成这样的文化活动来养育有文化的人。而这就又与教师的素养有关了。讲到这一点，昨天我和苏霍姆林斯卡娅（苏霍姆林斯基的女儿）的讨论中也谈到，面对复杂的社会，国家没有办法让所有的教师都达到期望的水平，仅靠国家行为来提升教师的素质是不够的。所以，你们把教师的素养分为教师的个人素养和职业素养，这对我很有启发，我也很感兴趣。

萨夫琴科：从您对教育的文化性的观点来看，教师就不仅是一个知识传播者，更是一个文化传播者。尤其是当今大众传媒对学校产生了很大的反作用，甚至可以说是一种侵犯的时候，学校与它抗衡的力量是薄弱的。而作为文化使者的教师，其个人素养对学生的影响和教育教学质量所起的作用就越来越大。教师进修和培养光讲技术层面的东西是不够的，必须要关心个人素养的问题。比如说，教师能够从伦理角度很内行地跟孩子们交往，这样的个人素养包括从伦理角度与儿童交往的品质、善于鼓励的品质、追求创造的能力、善于对待客观世界的能力等。

朱小蔓：您把教师的个人素养放在大众传媒的背景下来看这一观点，非常重要。因为，社会变成这样是不可避免的，这也是科学技术发展的必然结果。我们不能回避现实，最好的做法就是努力提高自己的个人素养，并使个人素养与职业素养和谐发展。将教师的个人素养和职业素养相对分开，在认识教师素质的方法学上有启发意义。我们可以把它转化到教师的培训政策和理念上面，不要过高地期望国家的培训能对教师的个人素养起多大的作用，应该让教师也承担起个人素养提高的职责。

萨夫琴科：另外，对教师职业素养的培训不能够仅仅培训学科教学部分，还要进行综合的具体职能培训。这除了传统的教学、教育和发展三大教师基本职能外，应加上诊断职能、矫正职能、社会教育职能、心理伴随与支持职能、教学集约化职能和研究职能等。从一定程度上可以说，不是我们在培训教师，而是一项一项的职能在培训教师。

朱小蔓：这一点我很认同。因为我们现在说教师教学能力的时候是说他的知识面、知识传递的能力，而很少谈方法论和具体方法的整合，这个非常重要。应该说，我们在讲教师素质时往往是比较笼统地谈"职业素质"，这主要是一种教师职场、教师工作需要的素质。当然，我们也讲教师的人文素养，但较少强调个人素养。职业素养和个人素养是相互联系又区别的两个范畴。我在自己的研究中提及，教师要有个人化的教育哲学、艺术、方法、风格、气质等。这里面也隐含了以个人素养为支持的职业素养，使职业素养表现出个性化和人性化。我认为，教师的个人素养与他的生活环境、生活史、天赋条件甚至生物遗传条件是相关的。我们讲了这么多有关教育改革、教育质量、教育功能、教师素养等方面的问题，好像偏离了我们对话开始时的想法——追问苏霍姆林斯基教育思想在今天传承和发展的可能，但实际上答案就在我们对这些时代问题的探讨和认识中。在分析和解决我们今天的问题时，我们可以感受到，苏霍姆林斯基的教育思想依然还留在我们的思想中。在人类文明科技化的进程中，当人们发现所谓现代文明并不能解决人类自身追求的全部问题的时候，其实人们还是会回到这些思想大师这里来，寻求精神和方法的指引。今天的对话也可以说是不同国度的学者循着大师思想进行的一次思想之旅。在此，非常感谢萨夫琴科院士。

萨夫琴科：谢谢，我也非常高兴。并且，我真诚地邀请您访问乌克兰教科院，到那里我们还可以继续这样的思想行程。

知识分子型的副部长

——萨夫琴科印象记

萨夫琴科是享誉世界的大教育家苏霍姆林斯基的学生、忠实的继承人，也是苏霍姆林斯基的女儿苏霍姆林斯卡娅的挚友。在我的印象中常常是她们俩在一起并总在讨论、切磋的画面。

第一次见她是在 1999 年，在南京师范大学道德教育研究所举办的建所后第一次国际学术会议上。她那时的身份不仅是一位重要学者，还是在任的乌克兰教育部副部长。后来我才知道，乌克兰教育部是包括科学技术工作在内的大教育部，她分管科学技术工作和教育研究工作。在我的印象中，她端庄、高雅、睿智，也有点儿矜持。她着重谈苏霍姆林斯基的教学思想，但始终围绕着育人，围绕着如何在教学活动中培养活泼、有情怀、有创造欲望、有个性的人。

第二次见面是在江阴华士实验学校。2005 年，我供职的中央教育科学研究所将该校纳为附属实验学校，同时萨夫琴科代表乌克兰的苏霍姆林斯基研究会授予华士实验学校为苏霍姆林斯基研究会的中国研究中心。两块牌子一起挂是很喜庆的一件事。那两天同时举行苏霍姆林斯基思想国际研讨会。我抽空与萨夫琴科做了一次学术对话，着重讨论教学改革的话题。她谈到的"核心知识""关键性才干"等概念第一次引起我的重视。

第三次与她会面是在 2008 年。我应邀参加苏霍姆林斯基诞辰九十周年纪念大会，一下飞机便被接到乌克兰教育科学院，与院长会谈，讨论合作事宜。她和苏霍姆林斯卡娅一起参加了这次会谈。第二天，我们一起去第聂伯河流经的基洛夫州师范学院，参加隆重的纪念大会，感受整个会堂和校园崇敬苏霍姆林斯基的气氛。之后又一起去著名的帕夫雷什中学，所有的活动我们都在一起。她比苏霍姆林斯卡娅年长两岁，苏霍姆林斯卡娅比我年长一岁，我们三个在一起的时刻，似乎跨越了国籍、语言的界限，而且她俩谦和、善良的情感胜于部长、院士的理性和严谨。

萨夫琴科虽然担任国家教育部副部长，但她全然是一副学者的模样，或者说她本质上是一位知识分子。作为教育科学院副院长，她不仅自己亲自抓 17 个苏霍姆林斯基教育思想研究基地的工作，而且在基辅的苏霍姆林斯基实验学校做研究，还忙中偷闲地执教语文、数学和计算机科学课程，为教师做示范，和教师一起具体地研究教学过程及怎样提高教学质量。我后来知道，她不仅对苏联维果斯基、赞可夫的发展性教学理论与实验情有独钟，进行了深入的研究，并且在此基础上创造了自己的"策论式教学"概念，即把对话看作一种重要的教学活动，研究如何使教学进入对话状态。她迄今还担任着乌克兰全国教学委员会主任，为提升乌克兰中小学教育质量呕心沥血。她是她的老师——苏霍姆林斯基忠诚的学生，与俄罗斯、德国、哈萨克斯坦等国的苏霍姆林斯基研究会合作，每年组织一次苏霍姆林斯基教育思想国际研讨会。她和苏霍姆林斯卡娅是一对相互敬重的姐妹、挚友，对苏霍姆林斯基思想的忠诚、研究和传播是她们俩一生一世的志业。

教育的时代之眼：看社会
转型中的中俄教育^①
——与鲍利先科夫院士的对话

教育是科技含量最高的活动

朱小蔓：作为俄罗斯教科院这一国家级教育科学院的副院长，您所具有的发展教育科学的使命感和紧迫感给我留下了深刻的印象。您认为在今天这样一个时代，人是一种资源的问题被明确地提了出来，人的培养活动成为科技含量最高的一项活动，所以特别需要发展教育科学。但目前，不少学者认为教育学和教育科学是两个不同的概念。德国学者布列钦卡在他的著作《教育科学的基本概念》里对教育学和教育科学做出了明确的

---

① 2004 年 12 月 10 日，俄罗斯教科院副院长鲍利先科夫院士专程从莫斯科前往北京，为时任中央教育科学研究所所长朱小蔓教授颁发外籍院士证书和乌申斯基金质奖章，这对中国教育学界而言是件令人鼓舞的事情。12 月 15 日，朱小蔓教授和鲍利先科夫就中俄教育界共同关心的一些话题进行了对话，其中闪现着一种我们曾经十分熟悉而又久违了的教育话语，同时又清楚地表达出不同国度的学者对世界性教育问题所形成的独立思考。——编者

区分，认为教育学和教育科学是不同的：教育学只是一种实践的理论，只是教育者的一种定向帮手，而不是科学理论；教育科学的目的在于获取有关教育行动领域的认知，教育科学研究那些决定人们应该成长为什么样子的条件，并讨论怎样才能创造这些条件。中国则多把教育学分为理论形态的教育学和实践形态的教育学，如将苏霍姆林斯基归为实践形态的教育学家。我们一般把教育科学认作一个学科群体的集合，包括很多分支学科，如教育学、教育经济学、教育社会学、教育哲学等。至于教育科学的实质性含义和旨趣，您是否有自己的理解呢？

鲍利先科夫：我认为，布列钦卡并没有真正将教育学和教育科学的概念说清楚，相反是制造了混乱。我认为，教育学这门学科是既具有理论性又具有应用性的一门科学。我们更需要关注的是区分教育和教育学这两个概念。实际上，跟教育有关的学科有很多，如教育学、经济学等多种学科。在这些学科当中，唯有教育学是专门研究如何培养人的科学。随着人的作用的增强，人力资本变为社会发展的主要资源时，这门专门研究人的培养的科学——教育学的重要性就应不断提高。

朱小蔓：但是我们往往会一方面承认研究人是最复杂的工作，另一方面却又对现有教育学研究不满意，认为教育学的研究相对笼统、模糊、不规范，而在科学界没有给予它应有的地位。

鲍利先科夫：在影响社会发展的诸多因素中，人的因素对社会发展起着最重要的作用，人的素质决定着国家的发展。人是万物中最复杂的事物，培养受过良好教育和品德高尚的人，应是一切过程中科技含量最高的过程。在这样的过程中，教育学就是一门教育科学。

　　朱小蔓：在我们的心目中，以往的苏联也好，现在的俄罗斯也好，其教育之所以发展得比较好，甚至是世界教育强国之一，与重视人的素质有关。根据我自己的生活经历来看，我也特别赞成把人的因素放在最重要的位置，而不仅仅是看人的数量或某种自然资源。那么，您认为现有的教育科学离科技含量最高这一要求是相差很远呢，还是已经达到比较令人满意的状态了呢？

　　鲍利先科夫：当今世界发展迅猛，而教育科学的发展显然落后于时代发展，不能满足人们的要求。就我个人的观点而言，关键是国家还没有充分关注教育科学。在俄罗斯就存在这方面的问题，没有意识到教育学这门科学的重要性。我们不仅大大压缩了教育方面的经费投入，而且在我国科学优先发展方向的规划纲要中也缺少与教育和教育学相关的部分，这不能不认为是一种与时代发展相悖的现象，并极大地影响了教育科学研究的正常发展。

俄罗斯教育学术的新发展

　　朱小蔓：既然人的素质对于一个国家的发展如此重要，教育学又被看成培养人的最主要的科学，但几十年来，从凯洛夫的传统教育学到阿莫纳什维利的合作教育学之后，俄罗斯就几乎没有为中国人所熟知的理论型教育学家了。我想，应该还有很多教育家可能因为著作没有被翻译过来而使我们无法知晓。

鲍利先科夫：这确实是一个客观事实。你们所熟悉的凯洛夫、苏霍姆林斯基等教育家虽然已经过世了，但是他们的学生还继续在教育学领域进行研究，并有许多新的研究成果。如今，俄罗斯的学术研究充满了自由的气氛，很多学者从各个方面发表他们的意见和著作。阿莫纳什维利比起凯洛夫、赞可夫等来说应该算是一位比较年轻的学者，他还在继续他的研究，有新的著作出版。我与他是好朋友，尽管我并不完全同意阿莫纳什维利的观点，尤其是他的研究没有严格地将宗教与教育学区分开来，但我仍然很尊重他，并尊崇他在学术中表现出来的对孩子的爱。

朱小蔓：但我们认为，阿莫纳什维利的研究属于传统教育学向发展性教育学转变过程中的一部分（这一转变从 1956 年苏联教育界关于教学与发展关系大讨论开始）。例如，他提出的高难度发展性教学原则等观点，既是赞可夫强调"高难度"原则的体现，又与维果斯基的"最近发展区"相连，还带有达维多夫关于在理解基础上进行记忆的教学论思想。我们是把他作为发展性教育学改革的合作教育学流派的重要代表人物来看待的。那么，您是否认为在俄罗斯的教育研究领域仍有流派的划分？是否有新的流派被命名？你们又是如何认定各个不同流派的？

鲍利先科夫：从发展情况来看，20 世纪 90 年代是一个分水岭。20 世纪 90 年代以前，似乎马克思列宁主义关于教育的学说已经用最概括的语言回答了教育学的一切基本问题。而今，教育科学出现了很多新的研究领域和新的代表人物。例如，出现了职业技术教育研究领域，代表人物是巴特舍夫；在德育研究领域有柳得米拉（但她已经去世），她的学生诺维科瓦成为新的代表人物，继续着她的研究。另外，现在俄罗斯在高中阶段实行分科教学，关于分科教学如何进行，也有学者在进行分科教学的教学法研究，这也是一个新的研究领域，也有新的成果。教育科学本身在分化，学者的研究也随之发生了分化。

朱小蔓：您提到的道德教育研究领域新的代表人物诺维科瓦与苏霍姆林斯基、马卡连柯的道德教育体系有什么最显著的不同呢？

鲍利先科夫：是有区别的。诺维科瓦强调，在社会发展使学生的特点更加丰富和有差异的状况下，在现在这样一个宽松自由的环境中，必须针对每个学生的特点来培养学生的品德，而不是像马卡连柯那样过分强调集体的作用。而巴达列芙斯卡娅是另一位强调个别教育的学者，她认为，不仅在德育方面，还要在一般教学、教养方面针对不同学生的特点进行个别教学。她不久前获得了俄罗斯总统奖，表彰她在个别教育方面做出的突出的贡献。

朱小蔓：对于这些不同的著名学者是否给予不同流派的冠名？

鲍利先科夫：应该说不同的著名学者有很多，但能构成学派的不多。像刚才提到的诺维科瓦、巴达列芙斯卡娅可以算是学派吧。前不久，俄罗斯教科院主席团曾就心理所的学者格拉里亚的著作进行讨论。他在语文教学方面有新的思想和新的体系，即强调将一直处于分裂状态的语言教学与文学教学整合在一起，形成一种新的教学体系。可以说，在语文教学法方面，他已经形成了一个新的学派。

朱小蔓：我注意到您的文章里有这样一句话，"许多现在用的教育学和教育史教科书，除了在摈弃旧教材的意识形态导向之外，其所提供的规范化教育学知识与过去的教科书几乎没有什么区别"。这是否意味着您对当前俄罗斯教育学的发展不大满意？

鲍利先科夫：20世纪90年代以来的世界变化太大了，而且这个变化还在继续。人们认识到了这个变化，并在这个过程中不断积累材料，新的理论、新的学说都还处于形成的过程中。我们必须再等待一段时间才能看到反映当前世界新发展的理论著作问世。

朱小蔓：我非常认同您这种思维方式。中国的教育现在也是处在需要"假以时日"的阶段。改革开放以来，我们的教育事业发展很快，尤其是这十来年发展更快。而一个飞速发展的时代，需要消化、需要思考的东西太多。目前，中国的教育学界还没能很好地思考自身，而且也还来不及把国外的东西仔细消化并融入自身发展，还处于"时间等待状态"。而且基于教育学理论和应用相统一这一特性，我们发展新时代的教育学就应该主张理论工作者和在学校工作的教师们结成一个共同体，合作建立新时代的教育学。

鲍利先科夫：新的教育学必须由教育理论工作者和教育实践者合作来产生。因为，教育实践工作者需要理论的支持，教育实践活动需要理论的指导。俄罗斯一位数学权威编写的教科书拿到学校无法使用，原因就是没有与教师合作，他不了解教学的实际情况。

师范教育的特殊使命

朱小蔓：您认为发展教育学的使命和任务主要在师范大学，而师范大学和一般高等教育体系中的其他学校最显著的区别和特性也就在于此。

鲍利先科夫：是的，师范大学的任务是培养学生将来怎样教书，怎样教育和培养孩子。为了达到这个目的，并不是要给学生讲很多的教育理论或者教育史及教学法知识，更重要的是创造一种教育的气氛，使学生感受到教育理论与实际的联系。师范大学的学生所学的理论和所进行的教育实践就像一个人的两只手，要很好地配合才能正常活动。

朱小蔓：我曾做过师范大学主管教学的副校长。按照我个人的教育理念，我非常主张师范大学的学生从一年级开始就要沉浸在一个浓郁的教育文化的氛围中，这样才可能累积培育出那些有益于将来从事教师工作的人文素质。但是在中国的特殊发展时期——中国师范大学的转型时期，我们较多借鉴美国的方式，走师范大学综合化和师范学院附着于综合性大学的道路。

鲍利先科夫：我认为，如果完全照搬美国的模式，是不会成功的，这是要慎重的。

朱小蔓：我很同意您的看法。与我们学习外国经验相随的问题是，我们一直在师范院校的师范性和学术性、专业性的对立中思考着师范院校存在的合理性。我们一方面认为中国传统的师范院校对学术性重视不够，师范院校培养的学生缺乏学科学习的深度和广度，从而不具有知识的专业性；另一方面认为师范院校的教师培养并没有技术上的不可替代性，从而也不具有职业的专业性。因此，为了提升学术性，为了适应市场的多种职业需要，许多大学校长纷纷将师范院校变为综合性大学，甚至希望把师范大学的名字拿掉。

　　鲍利先科夫：在俄罗斯也有这种情况，这种做法是不对的。综合性大学的学生缺少教师必备的心理学、教育学等理论的培养，踏上工作岗位后不能适应教师职业，很多人几年后就离开了这一岗位。

　　朱小蔓：很多人认为，教师完全可以在综合性大学里培养，认为综合性大学更有培养中学教师的优势，而且认为中学已经是分科教学了，其所需的教师就应该在综合性大学里通过专业学习来培养。大学生在完成四年学业后，再学一点教育学、心理学、教学法就可以去当老师。而我认为这是不够的，在中小学当教师的人需要一些特殊的道德和方法去培养。更重要的是，师范生的大学生活不仅仅是学习当教师所需要的必备知识与技能，还需要在整个大学学习的过程中去感受师范院校所营造的教师文化，去体会教师职业的价值，去升华自己从事教育事业的情感，扩展做一个"教师人"的诸多内涵。

鲍利先科夫：我认同您的观点。配合您的观点，我举一个法国的例子。法国是很重视教育的，无论普通教育还是高等教育都以国家拨款为主。近二十年来，法国对师范教育进行了重要的改革，师范大学从一年级就创造师范环境培养学生。法国特别重视培养初等教育的教师。法国认为，初等教育的教师任务是重大的，初等教育的质量影响孩子一生受教育的质量。

朱小蔓：可是，我们这个时代似乎人人都能对教育发表意见，因为几乎每个人都上过学，都念过书，都经历过学校教育，所以每个人都可以对教育进行这样那样的评论和指责。究竟什么叫作受过教育学专业训练的人？我们为什么需要受过教育学专业训练的人？这些人应当承担什么样的使命？我觉得这是很严肃的问题。

鲍利先科夫：我认为，重要的是不要忽略师范大学与构成高等教育体系的其他大学之间的原则性区别。教会学生教书育人，这是师范大学的主要任务，也是与其他大学的区别所在。所以，完善师范教育的着力点应放在突出其自身的专业特性上。为此，仅仅采取增加师范课程学时的做法是远远不够的，我们必须将培养未来教师的大学师范教育与现实紧密联系起来，从根本上改变教学过程的组织，从而培养出职业素质高的人才。

社会转型时期的道德教育

朱小蔓：重视师范教育、重视教师培养，既需要社会的广泛支持，还需要教育界的学人和实践工作者的认识，更需要学生，尤其是师范生自己的理解。而这与人的认识水平、道德状况，包括人的理想、价值取向、情感和人生态度等是息息相关的。

鲍利先科夫：当今学校已经将开发人的理性推至极限，而且计算机技术的普及更加强化了这种趋势，而对人感性的一面却较少关注，以至于作为提高教育教学过程效果极为重要的后援力量——"情感—意志"领域一直被忽略。因此，确定"情感—意志"教育在普通教育内容和结构中的地位，是教育现代化的重大问题之一。

朱小蔓：我一直想了解，在俄罗斯，当单一的价值取向已不存在，而新的价值体系又未形成的时候，你们用什么来维系道德教育呢？

鲍利先科夫：俄罗斯的学校在一段时期里是处于无政府状态，想做什么就做什么。总统想要寻找国家性的意识形态，但它究竟是什么，似乎还未找到，没有任何一种思想是当前的主导思想。实际上，正如沙皇时代的大臣斯托雷平所说的那样，贫穷比奴役更可怕。目前俄罗斯最主要的问题是贫困问题。过去，孩子的父母都工作，家庭生活稳定，孩子也认同家长的培养。如今，相当一部分青年人将思想寄托于宗教。不过，最近这段时间国家趋于稳定，政府也制定了教育发展纲领，教育的情况要好一些，少先队组织正在逐步恢复，青少年开始组织起来。经过一段时期，道德状况可能会好一些。那么，中国的情况怎样呢？

朱小蔓：中国政府提出了"以人为本"的科学发展观，开始从整体、系统的角度来调整社会运转，尤其关注未成年人的道德问题。

鲍利先科夫：我想问您，在今天的中国，马克思列宁主义是否还是你们的指导思想，它们是否还被学生所接受？

朱小蔓：中国共产党作为执政党，仍然把马克思列宁主义作为治党、治国的指导思想。而学生从小就开始进行有关马克思列宁主义思想的学习。但我们在道德教育的基本理念上，特别是中小学道德教育理念上有些调整，比如，我们更加关注青少年儿童对具有基础性、共享性，甚至是永恒性的道德价值观的学习，关注他们融入社会生活的基本品质培养。

鲍利先科夫：那么，这样的道德教育理念与以前我们常说的全面发展教育又有什么关系呢？我不知道你们现在对"全面发展"是怎么认识的，但早在 20 世纪 80 年代末苏联就已经将"全面发展教育"与"人的不同方面的发展"区别开来了。事实上，"全面发展"只是一种理想，是任何人也不可能达到的理想。现在，我们国家的文献中已不用"全面发展"的提法了。但"全面发展"却是我们要追求的，这比只追求市场效应要好。

朱小蔓：就我个人的看法而言，"全面发展"应该是指身体、智力、道德、情感等领域的全面发展，更多表达的是一种人的发展结构上的全面或者说均衡，而不是发展程度上的完满。也就是说，我们教育所追求的应是人的多领域的发展，而不是每一个要素的发展。

鲍利先科夫：我们可以把它叫作"多方面发展"。您所偏爱研究的情感教育是促使学生多方面发展的重要支持。我认为，现在学校教育中的情感教育还未能挖掘学生的情感资源，如果能实现这一点的话，会大大提高学校教育的质量。同时，除了情感以外，还要挖掘学生的性格，尤其是意志力。

朱小蔓：我非常欣赏您提出的一个观点，即艺术是培养学生文化联想力的重要手段。我想，情感教育就是要利用艺术这一人类情感表达方式，去营造一种体验文化的氛围，从而让学生在理性与感性交融的状态下去认识和理解生活，去创造和丰富文化。

鲍利先科夫：您研究的领域是非常有发展前景的。在很多国家，对情感教育、艺术教育的研究都很重视，而俄罗斯也是一向重视这方面研究的。

朱小蔓：我一直认为，人的情感发展状况与水平，包括经常感受、体验的内容与质量，包括对自己情绪、情感的觉察与认知、调控与管理的能力，在物质日益丰富、技术日益强大的社会发展中越来越重要。人的情感不仅从生命的根基上支持个人的理智和道德的生活，而且以自然而强大的力量支持社会中人们的合作与共处，支持个体和社会的无限想象、愿望与创造活力。对这一领域的研究还只是开始。十年前我在俄罗斯的学习、研究工作强化了我的研究兴趣。我希望个人之间、两国之间能在我们有着共识的研究领域不断交流与合作。

鲍利先科夫：这同样也是我所真切盼望的。我想，我们今天的对话就是一个交流与合作的开始。

世纪之交的中俄教育学术交流
得益于这位特别热爱中国的学者
——鲍利先科夫教授印象记

　　鲍利先科夫院士是俄罗斯教科院的副院长。第一次见他是在 2003 年上半年，他从曲阜看完孔林回到北京来中央教科所。他说起孔子思想之智慧之精妙，满是崇敬之情，他眼睛发光，脸颊红红的，兴奋的样子让我也跟着他激动起来。他一再说，他多年梦想去孔林看看，感谢我联系曲阜师范大学的领导接待他，使他如愿以偿。

　　在那次以后，我与鲍利先科夫又见过六次面。

　　2003 年 10 月，我率中央教科所的几位同事出席俄罗斯教科院 60 周年院庆活动，在道德教育小型研讨会上，他的发言让我感受到他炽烈的爱国热情，他对卫国战争时期苏联红军的爱国主义和解放被侵略人民的英雄主义气概引以为豪，同时对现在的俄罗斯青年大量公开表示不想待在自己的祖国感到深深的忧虑。他说话时宽阔的历史视野和严肃的神情又一次感染了我。

每次我们的会面，不论谈论什么话题，总有"心有灵犀一点通"的惊喜和感慨。比如，说起教育学科的性质，有关它的学术性，他的态度很明朗：它是研究人的学科，而且它是关于人的学科中科技含量最高的。又如，说起教师教育，他认为无论职前教育还是职后教育，学习教学法和德育对教师都最重要。他认为中国由于社会发展阶段和文化传统，师范教育体制及培养模式不能过分学美国。

作为外国朋友，他对我的信任不仅体现在交往中的坦诚、热情、助人、守信等方面，还有对我的人生道路、价值观乃至人格的高度认同、欣赏。他对我很了解，包括家庭出身、学习经历、工作经历、学术兴趣甚至性格等。2004 年 12 月下旬，他代表俄罗斯教科院专程来中国为我颁发外籍院士证书和乌申斯基金质奖章。他在致辞也是贺词中说："我们相信俄罗斯教科院选择朱小蔓教授一定是正确的。因为她不仅热爱教育学术，在学术方面做出了成就，而且她还在管理学术机构中表现出巨大的热情、活跃的社会活动管理能力。"

之后的两三年里，由于这种高度的信任和默契的合作，我们做成了好几件以前不敢想象的事，尤其是《20—21 世纪之交中俄教育改革比较》，从两国学者讨论提纲、启动研究、通信交流直到晤面交流，最终于 2006 年 8 月中文版面世，2007 年 3 月俄文版面世。虽然俄方还有汉学家、历史学、教育学博士尼娜·鲍列芙斯卡娅在其中付出了最重的劳动，但若不是鲍利先科夫作为俄教科院副院长代表俄方鼎力支持，有如此圆满的结果也是难以想象的。他比我年长几岁，我相信即使当时我们都不担任各自机构的领导职务，我们仍然会是好朋友，我们还会有许多学术研究工作要做。2008 年他向我颁聘了一份新的学术职务——斯拉夫文化国际研究会会员。我们已经提交了第一份研究论文，是关于苏霍姆林斯基的，紧接着将是关于巴赫金的。在中国，我也已经找到了热爱斯拉夫文化和伟大人物的年轻学者。我们的理想和研究事业后继有人了。

走向教师的教育研究

——与马克斯·范梅南教授的对话

朱小蔓： 这些年来我一直认为，教育过程不仅仅是知识的、认知的，感受到什么、体验到什么也是重要的，甚至更加重要，只有教和学过程中的认知和体验相互整合、相互支持的教育才是完整的教育。

范梅南： 教育学一定要有规范价值在里面，要有伦理基础，在这方面中国传统教育做得非常好。中国的传统教育有一定的价值在里面，这是中国非常好的一个传统，千万不要对自己的传统采取一种视而不见的态度。从这个意义上说，北美是非常浅薄的。中国的文化积累很好，如果中国一味向美国学习，那是很危险的。

朱小蔓： 2001 年以来，您的三本著作——《教学机智——教育智慧的意蕴》《生活体验研究——人文科学视野中的教育学》，以及《儿童的秘密——秘密、隐私和自我的重新认识》（与巴斯·莱维林合著）先后出版中译本。它们向中国读者展示了一幅全新的教育研究图景，使我们有可能在很短时间里了解现象学教育学在北美及欧洲发展的情况。十几年前现象学哲学还不大为中国读者所知，教育现象学在几年前也还不大为中国读者所知，非常高兴的是，您这三本著作使得中国教育界对教育现象学产生了浓厚兴趣。我和我的学生长期致力于道德教育和情感教育研究，对个体的精神发育充满好奇，因而也就格外重视现象学方法在教育研究中的运用。

范梅南：我很高兴您会喜欢用现象学方法来研究教育。

朱小蔓：您的三本著作，我觉得中国的每一位教师都能看懂，而且所有父母都可以看，不需要接受专业训练，有兴趣都可以看。因为每位家长、老师都有和儿童相处的经历和感受。最近几年，中国开始提出教师职业要走向专业化，中国政府也在大力推动教师专业化进程。我个人认为，教师专业化一个很重要、很基本的素质，就是教师能够意识到和学生、儿童应该构建一种什么样的关怀关系，怎样从儿童的角度来看待和理解教育。在这个时候读您的著作，并且把它推荐给教师，对教师的职业成长很有帮助。您在书里写道："在我们这个以消费为目的，以信息为基础，以广告为驱动的文化中，我们的孩子在成熟之前看到和经历得太多。"您关切孩子们现在的处境，说"与父辈、祖辈相比，今天的年轻人生活在一个支离破碎的世界——家庭变得更加不稳定，离婚已司空见惯，邻居搬迁越来越频繁，且越来越缺少邻里相帮的意识，学校少了人情味，多了竞争性"。您清醒地看到，他们生活在一个偶然性很多、动荡变迁的社会里。正因为这样，成人、教师和父母都应当看到并有责任帮助孩子把这种偶然性、这种选择的可能性变成发展的机会。这是教育工作者的责任。我读到这些段落的时候很感动。我非常敬佩您对教育学研究是充满责任感和使命感的，是充满爱心的。

范梅南：我对现象学的研究是 25 岁时在荷兰开始的。16—18 岁时，我喜欢读哲学著作，主要是现象学，但当时未意识到它们对我的生活有那么大的影响。到北美后发现那里与欧洲不一样，我需要重新了解我自己。

朱小蔓：我是十多年前接触现象学的。那时我只知道现象哲学，读了现象哲学的书，一下子就喜欢上了。因为它关心人的命运，它希望人们抛开抽象的观念，从实实在在的生活中发现意义和价值。过去我受的哲学训练主要是形上哲学，它们主要用思辨的方式探求事物的所谓本质。不过对教育现象学，之前还真是一无所知。

范梅南：20 世纪 40 年代，荷兰发展出"现象学教育学"学派。荷兰的文化特征是非常重视描述性的，比如荷兰画家的作品重视具体情境，注意细节描绘。现象学教育学或者说教育现象学重点在教育学，包括价值、规范在其中。

朱小蔓：您的三本著作，给我留下一个深刻的印象：现象学教育学的研究体系，或者说它的研究立场和态度，最重要的体现在它追求教育本身所具有的道德性和教育研究所具有的教育性。教育者要考虑与孩子的相处是否具有道德关系，教育研究者要考虑自己的研究是否真正从孩子的幸福和命运出发，是否真正基于对孩子生存和成长的关心。

范梅南：教师要对自己的学生负责，而且，还要对这个社会负责。希望我的书能够帮助中国的教师和父母优先考虑孩子的幸福，认真对待年轻人，始终能从孩子的角度来考虑教育方面的问题。

朱小蔓：您说对现象学感兴趣是在 16—18 岁读了一些哲学著作，包括一些现象学的作品。我想，除了阅读和受教育的专业经历以外，热衷于现象学是不是也跟您自己的生活经历和性格有关系？

范梅南：我出生在"二战"时期，战后的欧洲有一种现象，人的理想和价值观已经破灭了，当时很多人都喜欢读存在主义的作品。现象学与存在主义是有密切联系的。现象学也关注生命，也讲人类的自由。不管你愿不愿意，人生下来就是自由的，你有选择的权利，要对你的选择负责任。我有很多学生喜欢上现象学的课，因为做现象学研究和其他学科不一样。现象学注重自我的感受、自我的实现和自我的表达。叙事法也具有同样的效果，表达以后感觉很愉快。他们常常做完一项，便把草稿发到网上，每个人都这么做。一个班上有十五六个学生，每个学生都可以看到别人的草稿，然后大家在班上讨论，每个人都发表对其他作品的看法，学生做起来都非常有兴趣。有人把现象学的方法看作一种心理治疗，我认为现象学的方法只是一种研究方法，但我也相信现象学方法确实可以培养一个人的人性，因为现象学注重相互理解，相互理解得越多，那么培养出来的人性就越丰富。所以，现象学方法有助于建构一个人的智慧。

我有一个离了婚的女学生，带着一个小孩。她在选我课的时候遇到一位男士，这位男士刚好也有一个小孩。他俩的感情发展得很好。突然有一天，她发现自己已经变成了一个继母，因此她选择了"怎样做继母"这样一个课题。我认为这个课题很有意义，和个人的日常生活体验离得很近。这位男士的小孩不喜欢继母，因为在小孩的印象中，继母是很丑恶、很坏的形象。她说了一件很有趣的事情：小孩患感冒流鼻涕，如果是帮自己的小孩擦鼻涕的话，她擦的是自己的小孩；如果是帮别人的小孩擦鼻涕的话，感觉只是擦那个鼻子。因此，她做出反思，就是如何做继母，继母和母亲到底是怎样一种关系，到底应该如何处理和孩子的关系。还有一个学生叫达琳，她10岁的时候有一次在车上头枕着她妈妈的膝盖睡着了，不幸的是她妈妈开的车撞车了，她醒来的时候发现自己躺在医院里，而妈妈已经去世了。她选我的课时已经30岁了，但自从那件事情以后，她的内心中总有一段失去母亲的记忆，不只是失去母亲这样一个结果，而是记忆的一种过程。所以对她来说，对这件事做一种现象学的研究也是非常有意义的。因此，我对现象学有一种理解，它是对意义的解释，是对充满意义的过程的一种揭示，充满意义和意义不一样。我还有一个学生是做护理的，她的选题是研究医生和患者之间的工作关系。医生要把患者的病情告诉当事人，尤其是一些严重的疾病。从医生的角度来说，他只是把患者的病如实地告诉了患者，但医生从来没有想过患者是怎么接受这个信息的，在心理上会产生一种什么样的阴影。她和另外一位心理医生一起观察一个强迫症患者，医生经常把她观察到的材料反馈给病人，这种现象学的方法有助于改善医患之间的关系。

朱小蔓：您刚刚举了三个案例来说明怎样教学生学会教育现象学方法，这样一个过程您可不可以大致地描述一下？

范梅南：我刚才讲的是一个学期的研究任务。我的这门课要进行一年，我的课程分为几个阶段。第一个阶段是阅读，了解一些现象学的作品，一些哲学思想，包括像海德格尔的哲学思想，这个阶段要花三四个月的时间。第二个阶段主要精力是做现象学研究，写作论文，一般要用五六个月时间。第一阶段做完以后，我会让学生选课题。首先让他们自己选，选好后向我汇报，发给其他人分享。但通常的情况是选的题目太大，很难具体操作或者操作性不强。有一些学科，比如心理学方面的选题有时太过理论化。教师的作用就是把他们的选题具体化、可操作化：让学生填表格，比如选题的标准是什么，选题的经验是什么，关于结果的经验有哪些。一般来说，第一次是一页纸，互相讨论，第二次是在这一页纸里面挑一个比较集中的方面再写，然后还有第三次、第四次。

朱小蔓：怎样指导学生接受教育现象学的训练，刚才您已经说到，首先要读一些现象学的基本著作，然后选择一个有切身体验、切身感受的题目，开始训练写作。在您的著作中，特别强调回到或直面生活体验，要创造性地使用语言，创造性地运用词汇把那种体验到的意义揭示出来。怎样教会学生使用语言呢？学生的天赋和敏感性不一样，如果他不能创造性地使用语言，那么经历和体验中包含的意义可能就揭示不出来，如何去指导他？

范梅南：在荷兰有一些做现象学研究的学者，这些学者都是非常聪明的，但在荷兰也有很多人认为自己不宜做现象学研究，为什么呢？他们认为自己不够聪明，而做现象学研究是要有一些先天条件的。

朱小蔓：我理解，是一种敏感性，对职业经验和生活经验都很敏感，并且知道用什么词能够自如、准确地表达自己的感觉。

范梅南：现象学研究对人的要求是很高的。但不管你这个人能不能写，我都会要求你对获得的经验进行反思，这个应该是可以做好的，至于写得好不好是另外一回事。实际上，在我课堂里的学员，写出来的东西也不能够达到发表的水平，但我不介意，因为我的目的是教会学生对自己的经历进行反思。我妻子在一所大学里教课，她教那些老师怎样对儿童的经验进行反思，她认为现象学的方法注重的是激发人的一种强烈的反思意识。

朱小蔓：教育现象学强调对个人经验的关注，您的很多研究也都是指向个人独特经验的，这和我们过去沿用的自然科学标准完全不同。比如，科学是放之四海而皆准的真理，科学是一种共通性的规则，是可以不断重复的，这些显然都不适用于教育现象学。它研究的是个人独特化的经验，是在特定情境中甚至一瞬间才有的个人体验。那么，我们又根据什么说这个研究方法具有科学性？

范梅南：在北美，科学是一个很狭隘的概念，就是指平时所说的自然科学，可以实证的那种科学；而在欧洲，科学要从它的词根、词源去理解，可能更宽泛一些，它也包括社会科学。

朱小蔓：您讲的是狭义的科学还是广义的科学？广义的科学是包含人文特征在里面的，人文科学的基本特征是要感受，是有规范、有价值性的。但是，您书里讲的不只是这个广义上的科学。我感觉您似乎也强调那种狭义的科学。您不断地说，要一次一次地写，写到后来主题越来越明晰；要一次次地反思，反思越来越周全。反思是周全的，主题是很明晰的，体验是真实的、有根有据的。所以我认为，您试图捍卫教育现象学的科学性。但令我困惑的是，您一方面讲科学是宽泛的，认同那种人文意义上的科学，而实际上您还是强调自己的研究具有明确性、周全性和客观根据。我的理解是这样的，无论从广义的科学来说，还是从狭义的科学认识论意义上来说，教育现象学都是一门科学。教育现象学的研究要求有一种结构化，它以有结构的主题揭示出意义。也就是说，不是谁都可以说自己的研究是教育现象学的，因为它是要经过训练的。不是说每个老师写的个案都是教育现象学研究，他必须反复地写，写作的过程是反思的过程；在不断写之后使主题越来越突出，越来越结构化，这个结构化的过程才能深刻揭示经历的意义。这是一个不断周全的过程，不断明晰的过程，不断逼近真实的过程。我认为，其实您内心还是有一个严谨的科学标准的。我是从这个意义上把教育现象学看成一种严格意义上的科学。当然，从与胡塞尔联结的意义上来讲也行，因为胡塞尔既强调不能放弃哲学的思辨、系统、反思、批判，同时他又要捍卫他的哲学的科学性、客观性。所以，您的研究和胡塞尔对科学的捍卫是不是有承继关系？

范梅南：我把研究日常生活经验作为起点，所以要求尽可能接近真实。我不只在探讨真理。事实上，站在欧洲这个角度看，真理那一方面叫作科学，但我自己把它叫作人类科学。我这里有一个关键词，教育现象学视野是一种可能的人类经验。这种可能的经验有的人有，有的人没有。比如，有人用电子邮件联络，那么这种经验对他是可能的；而有些人就没有这种经历，对他来说这种经验就是不可能的。我培养的是人类对于生活的一种感悟，对经验的一种洞察力。所以，我的教育学特别强调面向生活的世界、面向孩子，强调教师、父母面对孩子生存和成长本性时的最基本的经验。

朱小蔓：我想，一个真正投身教育的研究者很需要这样一种类型的研究，否则，大家都可以通过电脑去处理所谓的客观知识，人类社会就会丧失多样性。每个人的经验都是独特的。您著作中有一个主要观点，我很欣赏。您认为，感情、道德、理智的关系在具体的教学实践中是可以处理好的，教育现象学的独特贡献正在于能够在教育教学的实践中把身体的、智力的、情感的、道德的因素统合在一起。我想这是每一个有良心的教师、有良心的教育研究者所追求、所希望的。我想请您进一步解释，为什么您认为现象学教育学的独特贡献在于能够处理好这三者的关系。

范梅南：我认为教师是一个整体，是完整的一个人，他是作为一个完整的人和学生、班级发生关系的，他不仅是一个知识的传授者。如果教师不是一个整体发展的人，他就没办法发现和培养一个整体发展的学生。我认为做老师的，尤其是刚刚开始做老师的，千万不能与学生保持距离，一定要设法介入学生中；如果与学生保持距离的话，就没办法发展一个完整的学生。情感和理智无法完全区别，是无法把它们截然分开的。比如，做数学题也是一种情感活动，现象学教育学意识到了这一点，意识到了这种可能性和统一性。生命是一个流动的整体，没办法把它分开，而一旦把它理论化，也就把它割裂了，它也就僵死了。学生喜欢一门学科，可能不只是喜欢这门学科，实际上他可能还喜欢任课教师的教学风格。我妻子教授语言课，她要求学生写作，把自己对生活的感受写出来，然后给老师看、给家长看，同学之间相互分享。时间不长，她就通过学生的生活经历了解了全部学生。学生写作也是一种文学的学习，要学语法，实际上也是一种整体的学习。我妻子教几种课程，她的教学方法是从教育这个概念介入，而不是用课程与教学的方法介入的，不是从课堂教学和知识传递介入的，而是有教养的过程，有价值规范在里面。

朱小蔓：强调价值，做自己认为好的事情，有同情、善意、良知等标准、规范在其中。也就是说，在旨趣上不是追求探讨真理，而是去逼近真实生活。生活总是整体的。这就是我对您所讲的一体化感兴趣的原因。因为确实没有无教学的教育，也没有无教育的教学，这是赫尔巴特说过的，杜威也反复地说过。但是迄今为止，在我们的教育实践中常常看到离开教育的教学和离开教学的教育，教育和教学相分离，这样的状况让我们担忧。您用教育现象学的研究方法主张把几方面统一起来，非常好。我从您这里得到一个启发，如果用教育现象学的眼光和研究方法来看待道德教育的话，我们可以在道德教育的改革中尝试一些新的办法。比如说生命的叙事，写自己的生活经历，这中间包含智力的因素、身体的因素和情感的因素，是整体化的，会有一种融合的进步，镶嵌在一起的进步。这是我作为一个道德教育工作者长期以来的愿望。您也知道，我个人的研究领域包括情感教育。我从 20 世纪 80 年代中期开始，研究情感在道德理论体系中的作用，到 90 年代初开始关心教育领域里作为本体的情感及其教育的研究，后来提出情感性德育范式。这个研究经历使我越来越多地、越来越深切地感受到关注个人的独特经验（包括情感经验、身体经验、语言经验、时间经验、空间经验、关系经验），是非常重要的。我很高兴的是，对情感教育的关注和研究得到了越来越多的认同，在新颁布的基础教育课程标准当中已经得到一定的体现，在道德教育改革中也得到了一些体现。我想问的是，您是不是认为这种重视个人的情感经验、身体经验、语言经验、时间经验、空间经验、关系经验应该成为现代教育研究的一种趋势，可不可以据此判断现象学教育学有一个比较乐观的前景？它可能会面临的挑战是什么，会碰到什么困难和问题？比如在北美它实际上还是边缘化的，在中国很多人也还不熟悉教育现象学；同时，这种极其个人化的研究也是非常费时费力的。

范梅南：我认为体验和情感应该是相通的。我们一说到体验，经常想到的是情感。目前兴起一个新的教育运动，叫作"基于体验的教育"，与杜威的"在做中学"不完全一样。这种基于体验的教育，除了提倡通过体验来学习以外，还有一个更宽泛的含义，就是重视学生的体验。对学生的体验感兴趣，就是对学生情感的一种关注。

朱小蔓：这些年来我一直认为，教育过程不仅仅是知识的、认知的，感受到什么、体验到什么也是重要的，甚至更加重要，只有教和学中的认知和体验相互整合、相互支持的教育才是完整的教育。这是我从做情感教育研究到现在做情感型教师教育、情感型道德教育研究的一条认识轨迹。读了您的教育现象学以后，我们坚信研究人类体验可以用一种更加具体的方式，比如描述的方式、解释的方式。

范梅南：这种教育模式其实也面临着挑战。第一个挑战是，当提到情感教育的时候，人们往往会问：是不是有了情感教育，学生就会学得更好，比如考试会考得更好？第二个挑战是，要进行教育现象学研究的话，您使用哪一种语言。我提出了两种语言，一种是诊断性的语言，一种是体验性的语言。因为教育过程本身不完全是一种情感教育，这要看您是怎么考虑情感教育的，您在这个过程中使用怎样的语言。举一个我妻子的例子。她让学生读一篇文学作品，然后写出自己的感受，教师对学生的感受有一个回应，师生之间有一个文本可以进行情感的交流，这既是一种学习，实际上也是情感方面的丰富和体验。

朱小蔓：这也是我一再申明的，情感教育不是要（或者说不止于要）技术性、诊断性地调适情绪，而是更重视本体性的，是通过让学生在教育中获得正向积极的情感体验，帮助学生形成对世界比较完整的理解和积极的认识。令人高兴的是，当前中国的课程改革正在朝着一个新的方向走，试图把教育扩展为知识的、情感的、能力的三维目标。情感、态度与价值观是新一轮课程改革明确提出的教育目标，所以各门学科都主张通过课程培养孩子的情绪感受能力，培养情感品质。但是这样一个过程刚刚开始，如何评价学生的情感态度在发生变化、在提高，我们还缺少具体的操作办法和评估方式。不知道您对这个问题有什么看法？

范梅南：情感意志、情感态度也是一种课程目标，但这个课程目标不能像认知那样教。情感教育的一个理想状态是让学生表达。我们也可以看一看课堂的氛围是怎样的，师生的关系是否由疏远到亲近，学生的活动是否由个人的活动变成一种人际交往活动——它不只是个人活动，还是共同的、和谐的活动。通过这样一些观察可以看出情感教育的效果。应该鼓励教师在这方面继续做下去。写在课程里的终究是表面的东西，表面文章可能写得很漂亮、很完整，但课程实施的关键是教师，是教师是否敢于敞开自己。如果教师不能敞开自己的话，学生也进不来。在中国，有很多教师课上得很好，但实际上他和学生之间的关系不是很亲近，他不能够敞开自己。我开了一门课叫教学法，在这个课程中给学生放映各个国家的电影（当然也包括中国的），然后问学生，他观察到的教师与学生的关系如何。我放了张艺谋的《一个都不能少》，结果就有中国的学生回答说，在中国根本就不是这个样子的，中国的学生都很听话、很老实，乖乖地坐在那里听，学生不能让老师丢面子。

朱小蔓：用成人的方式是不是一定能捕捉到儿童的感受？教育现象学关心的是儿童能感受到什么，但是要成人去倾听、去观察。成人是不是一定能够准确把握孩子的经验？

范梅南：我相信，通过观察、介入、不断地相处是可以做到的。李树英先生（系《教学机智——教育智慧的意蕴》一书的译者）告诉我他的一次经历：在加拿大时，他去一所中学听课，那所学校是一所学术水平很高的学校。但在听课时，他却发现这所学校并不像他所想象的那样。学生穿的衣服都非常怪，有的还坐在课桌上面。当老师说话的时候，学生们自己在讨论一些问题。他现在认为这些学生很好、很直接，但他刚到加拿大的时候，还没接触到当地的学校文化，他一时不能接受。

朱小蔓：这就是文化的差异和社会发展进程的差异。今天，我们遇到的是发展中国家都遇到的一些问题。我们的教育研究方法要学其他国家，我们要学量化的方法，要参照自然科学的方法，也要用社会科学的研究方法。但是所有这些方法，我个人感觉都不像教育现象学这样直接拉近与儿童的关系，直接了解儿童的感受。教育现象学关心成人和孩子的关系，关怀孩子的命运，这些都是处在转型时期的中国教育最迫切的问题。

范梅南：现代社会是一个技术化的社会，这种技术化趋势也影响人的思维方式。许多事情都可以利用技术的手段解决，人们的思维方式受技术化的影响非常不一致。你知道不能这样做，不能这样处理，但你不知道如果不这样处理到底该怎么做。大家都知道技术化、工业化有问题，但还是情不自禁地这样做。这也就可以理解教育现象学在北美，其实还是很边缘的。但正如您所说，它应该处在中心。当然，在欧洲这种情况可能好一点。现象学一定要和职业挂钩，不然现象学就成为哲学。所以，现在出现了现象学教育学、现象学心理学等，总之要和你的职业挂钩。教育现象学重点研究的是教育学，现象学只是一种方法。教育学一定要有规范价值和伦理基础，在这方面中国传统教育做得非常好。从这个意义上说，北美是非常浅薄的。我们说北美发达，主要是指工业发达。在美国，有非常多的学校很穷、很脏、很乱、很差，但美国很富裕。美国那么有钱，但美国有很多非常差的学校，在中国人看来是不可思议的。中国的文化积累很好，如果中国一味向美国学习，那是很危险的。

朱小蔓：正是因为这样，在发展工业化、推进工业化的进程中，我们可能一段时间内会把经济、技术看得更重要，但现在，中国也提出科学发展观的治国方略。所谓科学发展，就是要全面地、协调地、可持续地发展。刚才您也提示我们，要保存、坚守我们自己的民族文化传统，不能盲目追求科技进步。从这个意义上说，我感觉教育现象学在中国可能会有很好的发展前景，因为中国基础教育人数非常多，中小学校数量多，学生人数多，教师人数多，如果广大教师都能学一点教育现象学，学会反思他们的教学和教育实践的话，那将会大有裨益，也非常适合中国的教师。这倒不是说一定要跟美国学，而是这种方法的要义，我们是赞成的。因为它具有道德性，它关注儿童，先从关怀开始。教育现象学主张不能仅用科学性语言，要用体验性、召唤性语言。如果教育的过程不是有情感的，怎么能做成情感教育呢？我有一种信念，也可以说是一种直觉，如果教育现象学的方法能够被广大中国教师接受并学习的话，会对中国的教育发挥很好的作用。

范梅南：我到过中国，我的一个学生也来自中国，我觉得中国非常好。但我也感觉到，东方在向西方学习的过程中，想学习好的地方，但是有些可能拿过来以后就变坏了。像中国这样一个国家，被西方强国影响有两种可能：一种可能就是越来越好，学西方最好的；另一种可能就是西方的影响传到中国变得更糟。因此，我也希望中国在现代化过程中能保存自己的传统，尽量多地保留一些差异性。

朱小蔓：非常感谢您能和我做这样专业的讨论。

范梅南：我也非常感谢能与大家、与您有深入的交流，希望这次交流能在以后的合作中进一步深化。

他为教育研究，特别是教师
研究开出一片新的天地
——马克斯·范梅南教授印象记

　　我与马克斯·范梅南教授初次相见是在 2004 年。那是他应
邀来中央教育科学研究所讲学，同时与教育科学出版社签约。
教育科学出版社出版了他的几本著作。我作为主管领导，对教
育科学出版社能出版教育现象学著作感到自豪，我也一直以为
出版重要学术著作是教育科学出版社责无旁贷的最重要的使命。
那天他当然非常开心：看到那么多人喜欢他的著作，感受到教
育科学出版社的诚意。他讲学之后，我用了一下午时间与他讨
论，仍觉得时间不够，还不过瘾。我知道教育现象学很晚，但
那是一个特别能让人记住的时间。

　　2002 年夏天，我刚到中央教科所上任不久，适逢教育部举
办第一届中外大学校长论坛。手边带的早晚阅读书恰是教育科
学出版社出版的范梅南新著——《教学机智——教育智慧的意
蕴》。没想到，这本书是那么吸引我，看到凌晨三点也放不下。

范梅南教授以一种独特的认识去理解教育活动，理解教育研究。他说："教育学从根本上讲既不是一门科学，也不是一门技术……教育需要转向体验世界，体验可以开启我们的理解力，恢复一种具体化的认知感。"[①]他的这番判断带给我的激动真是难以言表，因为从 20 世纪 80 年代中期以来，我一直关注教育中的情感维度，希望教育及教育研究关注人的情感体验，苦苦求索如何使教育活动有助于人的情感品质的发展。尽管我在努力追根溯源、寻找思想资源，但当我接触范梅南的教育现象学时，才发觉真要将情感教育落实于现实的教育活动中，学习和掌握教育现象学是不能略过的重要学术之途。而且，如果期待教师理解情感教育的重要性，学会应对学生的情绪情感，引导教师学习教育现象学写作是一种很有价值的方法，以此锻炼、培养教师道德敏感性。范梅南强调教育活动重要的是关注孩子的体验，教师要学会与孩子相处。很多教师学了不少教学理论和教育技术，但仍然是蹩脚的教师，正是由于不会与孩子相处。他主张教师做教育研究主要是研究自己的实践，因为课堂上发生的很多事不是备课可以备出来的。他把它叫作"实践的认识论"。那一次的阅读体验刻骨铭心，以至于促发我在中央教育科学研究所积极推动年轻人的读书活动，第一次读书会上我所做的发言"让读书支撑我们的生命"，其中不少是来自读范梅南大作的

---

① ［加］马克斯·范梅南：《教学机智——教育智慧的意蕴》，李树英译，13页，北京，教育科学出版社，2001。

精神养料和宝贵灵感。

　　我对现象哲学感兴趣是在 1995 年。那时我给南京师范大学教育学硕士研究生开教育哲学课，在备课时我发现师范大学过去的教育哲学讲题从未有人涉足现象哲学，而现象学是多么有魅力的哲学流派。连续几届研究生的教育哲学课，我都开出了现象哲学专题，也由此稍稍给自己打了一点底子。据范梅南说，现象学教育学 20 世纪 90 年代在荷兰出现，是因为荷兰人重视对景物的描述，可见教育学流派与文化相关。我在研究生学习时期偏爱形上哲学，而大学学习的专业是文学，受到文学情感性特征和审美追求以及情景描述与结构描述手法的影响。这些或许是我对现象学有一种亲近感的缘故吧。

　　直到 2004 年听范梅南教授在中央教科所讲座，我才第一次切身感受到现象学的人文魅力，理解了范梅南作为教育学者，为什么会选择现象学作为他的学术信仰与方法。范梅南的讲座从他的家乡故土说起，从他惦念的母亲说起，他在讲座中大量地谈到孩子们的童年秘密，解析一个个教师与学生、父母与孩子相处的故事。他，一个身材高大的男性，讲起学术却慢声细语、娓娓道来。他反复重申，教育是教学、养育的活动，是与孩子打交道的活动，这要求在具体的情境中不断地进行实践活动。而研究教育首先要从研究学生的体验入手。他研究教师、培训教师，引导教师学习现象学的写作方式。这种方法帮助教师反思自己的教育经验。这种反思经验并不是内省，而是回顾，是对过去的或过去经验的思考。范梅南说，这是一种指向生活体验，用语言进行创造，写出与实际教育活动相联系的、有反思判断的文本。它是一种解释生活经验与体验的"文本"，它不以抽象出更多的理论为目标，即不是单纯地分类、分级或使之抽象化，而是对前反思性的体验进行细腻的描述，以系统地发现和揭示经验中的内在意义结构为目标。范梅南用他太太帮助教师学习现象学写作为例，来说明大部分教师通过反复学习是可以掌握这种方法的。他提倡通过这样的写作训练，帮助教师对生活现象建立一种开放的态度和敏感性。他认为这是作为教师最重要的专业品质。

2007 年 1 月 27 日，他应邀参加中央教育科学研究所所庆 50 周年纪念及国际教育现象学与教师发展研究中心挂牌暨学术研讨会。那天他又一次发表演讲，我和听众兴致勃勃地与他互动。2008 年他再次来到北京，参加首都师范大学教育科学学院主办的现象学研讨会。那两天，正值我在组织一个情感教育研讨会，与他一联络，他热心地赶过来在我这个会议上发言，谈的话题是教育学为什么关心体验，体验与情感教育是什么关系。我后来知道，教育现象学有两个传统，一个是欧洲的，一个是荷兰的。前者称为人文科学，更强调解释学方法或曰解释现象学方法，有施莱尔马赫的思想传统；后者称为现象学教育学，侧重于描述性。范梅南本人接续的是哪一种传统呢？我问他对胡塞尔哲学的看法，他说自己并不直接运用胡塞尔现象学，但他认为现象学是科学的，因为它是系统的、清晰的、自我批评的。他所撰写的《生活体验研究——人文科学视野中的教育学》是系统运用解释现象学的方法研究教育的力作。范梅南对教育具有人文科学属性的一面十分赞赏,并直接称其为"十分诱人的工程"。所以,我感觉范梅南不仅在学术倾向上,而且在行事为人上似两种传统皆有。

他的现象学研究是对教育活动中的人感兴趣,对人的生活体验感兴趣,对教育究竟如何影响人感兴趣,以及对真正的教育意义是如何发生的感兴趣。我十分认同他的研究旨趣、积极的人文态度和立场。我们说好,要在教师培训中突出这些重要的议题及其旨趣,引导教师不仅关心外在的客观知识,而且关心内在的,与身体、心灵相关的内部知识,关注自己的职业生活体验及学生的体验。他希望我安排一个时间去加拿大,待上一段时间一起好好琢磨如何训练教师进行教育现象学写作。我想,首先是我自己得好好学习、钻研。可惜,没过多久,随着我的工作岗位变动,合作的事情被搁置下来,殊为遗憾。

整合教育学习模式：
对教育的另一种理解
——与特蕾莎女士的对话

起源于对孩子归属感的关照

朱小蔓： 关于美国的整合教育学习模式，我在十多年前偶然看过简单的介绍，并没有深入地了解，尤其不知道整合教育与道德教育有如此密切的关联。过去我对整合教育的理解，认为它是把几种不同的学科整合起来，但是整合到哪个方向去，我并不清楚。您送给我的《教育可以是这样的：整合教育学习模式》（已由北京大学出版社出版），我连夜看了，看完后非常兴奋，甚至有些惊诧——这种整合是有灵魂、有核心的，是有明确方向和目标的，就是整合到人的品德发展上去。这非常大胆，很有创造性，切近教育最为关键的地方了。

特蕾莎： 我非常欣赏和感谢您对这一体系和模式的认识和赞同。一生中，我们可能会不断变换角色，而伴随我们终身的是品德。整合教育学习模式帮助学生在一个瞬息万变的世界中预设并且建构自己的角色。它把品德发展、学业学习、艺术和音乐的丰富性、调解技能、人道主义服务整合起来。这种教育将造就一代讲道德、富有同情心的领导者和人格健全的好公民。

朱小蔓：您最初是怎么想出这个模式的？

特蕾莎：这可以追溯到 1992 年。那时，洛杉矶爆发了一场暴乱。我们当时就住在发生暴乱和冲突最厉害的那个街区。这个街区的许多孩子心灵都受到了很大的创伤。当时有一批心理学家、教育工作者和社会工作者自愿组织起来，希望治疗这些孩子的心灵创伤。最初，我们把这些孩子集中起来进行美德教育，但是效果不大，因为它与孩子们的需要是脱节的，尤其是和他们所处的社会、生活脱节的。于是，我们在道德教育的基础上把学科能力培养方面的内容加进来。后来再加上审美意识培养、冲突解决能力培养和社会服务能力培养方面的内容，学生各方面的潜能、需求都被调动起来了。这个时候，孩子们就会觉得自己完成了一种转变，他们以前是社会的受害者，而这时则变成了主动的治疗者和帮助者。

朱小蔓：能概略地描述一下整合教育学习模式吗？

特蕾莎：整合学习课程就像一个有五根辐条的车轮，品德教育是最重要的一根。品德教育利用激发好奇心的事件和互动方式，向学生解释积极的个人品质并帮助学生应用。它们都是学习单元的主题。学业教育是要重建新知识，把阅读、写作、数学、科学和社会研究等方面的基本技能不留痕迹地编进由品德教育和服务教育组成的教育结构中，把人道情感和社区需要联系起来。艺术教育中，学生学习、演唱歌曲，完成艺术计划，练习和单元主题相关的创造力，锻炼意志。调解或冲突解决技能教育主要传授解决冲突的技巧和从容反应的技巧，缓解因竞争、冲突产生的压力，帮助学生学会在冲突中有效地和他人交流、同情他人。人道主义服务教育通过连接以上各种过程、地区或全球项目为学生提供机会去运用这些品格特性。只有经历过最后一个步骤，整合教育学习的过程才是完整的。

朱小蔓：教育的根本目的是培养一个具有基本完善的品德的人。这样的人才能使社会持续和谐地发展，使社会走向更高的文明。虽然很多人也支持这一观点，但是很多人不知道，道德教育也可以像您介绍的这样做。我一向认为，道德教育不能离开其他学习活动而单独存在。你们的贡献就在于，将五种学习整合起来，让孩子在他们熟悉的生活中真正开展有意义的学习，在学习过程中自然而然地发生整体性的变化，养成他们的品格。这就涉及一个非常值得讨论的问题：人的道德品格究竟是怎么培育出来的？

特蕾莎：要回答您的问题，我觉得可以从"心灵的习惯"这个概念说起。我们为什么把品德教育称为"心灵的习惯"呢？因为在这样的教育活动中，孩子们不断练习他们的品德，他们能够感受到喜悦和快乐，这样就会形成一种价值取向，逐渐内化成美德和心灵习惯，并在生活中展开和实现。这是有脑科学研究依据的。美国现在有学习障碍、情感障碍的学生越来越多，美国大学的一些脑科学研究者发现，学生在成长过程中有两个需要：一是需要大人的榜样，和大人形成一种心灵上非常亲密的关系；二是需要找到生活的意义、学习的意义，找到一种归属感。而在学校和家庭中，他们根本得不到满足。

朱小蔓：其实，孩子的品德发展是弥漫和渗透在孩子的整个生活中的。他要在生活中找到事物之间的联系，再找到和自己的联系，在世界中找到自己的归属。我认为，这是个人德性发展的根基，也是道德教育的基础。没有这个基础，道德的大厦就建立不起来。我从 1985 年起研究道德情感，后来研究人的情感发展和情感教育，更多的是研究人类哪些情绪情感和人的道德发展相关。我发现，我们过去对于道德情感的理解太僵化、狭隘，主要根据词典上的解释，把道德情感看成人在理解了道德原则基础上产生的一种认同道德原则的情感。事实上，每个人的生活、生命中有很多很自然的情感是与道德教育相联系的。比如，虽然不能直接认为孩子的好奇和冒险是道德的，但是当他的好奇心有了付出的场所和需求的时候，好奇心就变得与道德品格相关了。再如，安全感、依恋感、自尊、自爱等都可以成为发展道德的基础。现在有些关于道德教育的看法我认为比较褊狭，也不够明智，他们往往就道德教育谈道德教育。

教师要创造新的教室文化

朱小蔓：我注意到，您的每一套设计里面都有教师用表和学生用表，对教师应该做的准备工作安排得非常细致。教师要调整学生中的同龄人文化，要创造一种教室、课堂文化。这让人眼前一亮。

特蕾莎：在整合教育学习模式中，教师的作用非常关键和重要，教师会把他的态度、认识带入课堂。如果教师不具备利他的情怀和品德，怎么会创造出一种氛围去培养孩子？同龄人文化非常重要。课堂上的伙伴关系模式是利他主义的，鼓励学生把信息收集看作相互协作的过程。例如，当学生收集关于区域贫困原因的信息时，每组学生被分派去检索不同团体的信息，寻找不同地区出现贫困现象的原因。将所有学生的研究成果综合起来，就可以对世界贫困有一个整体概念，而不是比较地区之间谁优谁劣。在具体的管理中，教师应该表彰好的行为，树立学生的责任感，并和家长、社区建立伙伴关系。只有做到这些，才会逐渐营造出整合教育学习模式特有的教室文化。

朱小蔓：在整合教育学习模式中，共有 56 种心灵习惯需要培养，比如"人道主义情怀""远视""领导才能""意识""利他精神"等，提出这些内容的根据是什么？

特蕾莎：我们认为，孩子会有很多不同的心灵习惯，我们把这些不同的心灵习惯分类，编成不同的教材。在使用时，可以根据不同学校的学习进度进行，可以一个学期或者一年学一本教材，而每一本教材都有一个主题。比如，这个学年学习人道主义的习惯，然后可能学习的是英雄的习惯，另外一年可能是和平缔造者的习惯。在每一年中，孩子都会发展一种自我认识和自我身份定位。

朱小蔓：56 种心灵习惯是按不同年龄、学龄分别编排，还是不同年龄可以学习相同的科目？

特蕾莎：它面向所有年龄阶段的孩子。但是，教师在经过培训之后，会明白同一套教材怎样适应不同年龄的学生。

朱小蔓：实践一段时间后，有没有发现哪些心灵习惯比较适合特定年龄阶段的孩子？

特蕾莎：是的，的确是有这样一些规律的。有一些是基础的心灵习惯，一定要在第一年或进入这个学习模式开始时学习的，以后学习的习惯是建立在这个心灵习惯的基础上的。我们给予学校很大的自由选择权。学校可以根据学生群体的特点，决定首先学习哪些心灵习惯。

朱小蔓：其实，教师是最了解孩子的。他们每天与孩子生活在一起，有条件持续地观察、了解孩子，找到影响孩子的有效办法。正是从这个角度上说，教育改革除了自上而下进行，更需要自下而上进行，需要来自教育活动现场，特别是课堂里的经验。教师的观念和素质至关重要。教师不能以道德真理的权威自居，把道德教育当作教训、规整和控制孩子的过程。教师要创造教室里的文化氛围，有没有相互关心、尊重、友善、鼓励的气氛特别重要。有了这种气氛，孩子的表现一定是积极的、兴致勃勃与教师相互合作的。学校是教师和学生共同成长的场所，这个场所的生态不能失调。我们希望教师能建立关于教育文化生态的意识，成为新型教育文化的调节者。

实施中最大的困难是公立学校死板的课程设置

朱小蔓：学校可以利用什么时间、以什么形式来对学生进行这样的教育？

特蕾莎：这个课程实施的最理想模式是和现实中的教学大纲等联系和融合起来，在每一天开始的时候能够有一堂心灵习惯的课，然后与其他课程相结合，教师要寻找合适的结合方式和学习活动。现在美国一些公立学校的课程设置是比较死板的，所以大部分实验基地的教学实际上是以课外活动形式进行的。美国也有一些具有相对灵活的自主权的学校，会采取比较理想的方式。在其他国家，也有一些学校采取这种模式。

朱小蔓：你们在实施这种模式的品德教育时，遇到过怎样的困难，家长能否接受这种模式？他们会不会担心影响孩子的学习成绩？

特蕾莎：恰恰相反，家长是这种模式最有力的支持者。在美国，我们遇到的最大挑战并不是来自家长，而是来自美国的官僚体制。一所学校引入这种学习模式的六周之内，我们每周都会对家长进行问卷调查，内容包括孩子的学习主动性、社交能力、解决冲突的能力、学科成绩和能力以及艺术审美能力是否有所提高。调查结果表明，学生在几乎所有方面都得到了提高，尤其是在学习的主动性方面。一旦孩子进入这种模式，家长就再也不想让他们回到过去的学习模式了。

朱小蔓：任何年龄阶段的学生都有这样的效果吗？

特蕾莎：差不多是这样。在我们的很多实验基地中，这门课是将不同年龄的孩子混合在一个班里，以课外活动、单独的一门课程来上的。当然，我们也发现，在某些高年级学校中，家长会担心挤掉孩子学科练习的时间。其实，进行整合教育的教师经过了很好的培训，他们知道，这种学习模式不需要挤掉学科教育时间，只是要和学科教育更好地结合起来。而且我们发现，当把这种心灵习惯的培养同高年级的理科知识教学结合在一起时，反而激发了学生学习的热情和创造能力。比如说，为了培养学生的同情心，在数学课上让学生思考怎样利用数学知识去解决非洲的粮食问题。这会促成学生的飞跃，会使他们超过现有的学习水平。

朱小蔓：就是说，教师首先应当明确所有的教育活动都应当趋向品德教育的目标。教师还要有一些技巧，能够将学科学习和品德教育统整起来。只要是真正优秀的教师，都能自然而然地在传授知识的同时，让孩子听到知识背后道德的声音，感受道德和精神的力量。

特蕾莎：对。我的教育理念是，相信每一个孩子都是一个蕴含丰富宝石的矿藏。教育者的作用就是帮助孩子把自己的宝石挖掘出来，擦亮，让它们闪烁。如果有太多的考试，那就像有太多的尘土落在宝石上一样。

朱小蔓：许多国家现在都不可能跳出考试的樊篱。在中国，基于历史发展阶段的缘故，这个问题更为突出一些。我们仍然处在教育的筛选功能、竞争功能重于促进人的和谐发展功能的时期，您对我们利用这一教育理念和模式有什么建议？

特蕾莎：这样的学习模式应当由中国教育者而不是外来的人去做，因为你们有自己的问题和具体情况。

朱小蔓：这里说出了一个基本的道理。教育是有很强的文化情境的，也有人类共同性。但每一种教育模式都要适合本民族和国家的土壤，才可能借鉴并取得比较好的成效。在中国这么大的一个国家，有发达地区，有相对不发达地区，在师资等条件不同的情况下，做法可以不一样，但是有一个基本的信念，我们总是可以从现状中走出一条路来。首先就是让教师接受整合教育的理念，相信人的能力是在整体的发展中进步的，而不是在各个孤立的领域单独发展的。

克服碎片化思维

朱小蔓：您的这些思想与怀特海的过程理论有什么关联吗？

特蕾莎：这的确是一个基于过程理论的模式。怀特海是著名的过程哲学家，但在我进行教育探索的时候，并没有读过怀特海的书，是在实践中，我接触到了怀特海的思想。20世纪20年代，有一位教育家名叫阿道夫·伯乐，他在自己家中实验基于过程理论的整合教育，教他的几个孩子。几个孩子长大后都获得了很高的成就：一个成为法律教授；一个成为作家，写了很多关于金融革命的书；一个成为包括罗斯福总统在内的五任美国总统的顾问。我从中获得了灵感，后来又从玛利亚·蒙台梭利和丹尼尔·乔丹等人的教育思想中汲取了养分。他们都强调，教育的过程和体验比知识的累积和传递更重要。和他们相比，我的长处在于把各个学科连接到品德教育的目标上。只有在这个时候，才能为孩子的成长赋予一种真正的动力。

朱小蔓：您验证了一个很深刻的思想，即过程的思想、整体的思想、机体论思想。为什么怀特海的思想容易被我们接受？

因为东方的传统文化一向比较反对两极化的思想，反对主客两分的思维方式，坚持天人合一，人和自然是一个整体，所以主张在自然中学习。孔子说过，知之者不如好之者，好之者不如乐之者，强调主体的内在动机更加重要，把知识和生命看成合一的东西。这是我们传统文化的精髓，而在现代社会却被丢弃了。您的思想也验证了东方文化中的这种深刻思想。要想解决教育中的困惑和问题，就一定要解决思维方式的问题。如果不从这种分割化的、碎片化的思想中走出来，就永远没有办法走出现实的困境。我们必须回到整体性。我很高兴有机会把整合教育的思想与我的研究结合起来，进一步发展我对之充满信念的整体性发展教育，以及情感性道德教育。我想进一步研究和思考，教育工作如何引导孩子拥有对学习，包括道德学习的"自我兴趣"，研究这种"自我兴趣"是怎样通过外部刺激和评价性定向日益成为孩子生活中的"主要关注"，反复地被感觉和体验，从而不断强化的。怀特海认为，人的生命不能解释为单纯的生存竞争，还应当包括日益强烈的感觉或自我享受。他主张并相信，通过审美添加和理智添加能够使人获得这种自我享受的更大自由，因为只有来自生命内在的情感动力才从根本上支持人不断提升和整合学习过程。

特蕾莎：在今天极为强调专门化教育的时候，回归到整体教育显得十分重要。在我们今天的学术领域里，非常推崇学科领域的专门化，但是，只有冲破这种樊篱，我们才能真正培养完整健康的人，才能建设健康完整和谐的社会。

朱小蔓：社会是由人组成的，只有我们把教育的目标定位在人，使孩子成为一个完整的人的时候，教育才是有意义的。我相信，中国的教育工作者和理论工作者都在进步。这是我们进行教育工作和改革的良好背景。当然，要想推动这些工作变成现实还有很多路要走，是会很艰辛的。

金发碧眼与美丽的德育
——特蕾莎印象记

那位金发碧眼的女郎在想什么？她眼里闪着光，不住地在向我点头。她想表达什么呢？我正在北京小学的报告厅里做学术报告，报告厅里坐满了人，还有些老师在过道里或站着，或坐着。因为她与众不同的相貌，她的一举一动不可避免地吸引了我，我的思想开"小差"了！一边做报告，我一边还不停地在想：旁边的那位翻译能够把我所讲的都准确地翻译给她吗？要知道，关于德育的内容可是很难翻译的啊。她旁边还有一位白胡子的老外，也和她一样，眼里闪着光。他们给了我信心，为我增加了力量，也坚定了我的信念，让我很顺利地做完了报告。

这次来北京小学，是受北京师范大学裴娣娜教授之约。那是 2005 年 4 月 13 日，我的日记里清清楚楚地记着这个日子，裴教授主持的"主体性教育实验研究"课题在北京小学举行结题研讨会。我在发言中对近几年来德育理念的进步、实践、探索、创新做了一个梳理。报告结束，她走到主席台上和我握手，告诉我她对报告的感受。那时我才知道，她来自美国加利福尼亚州，名叫特蕾莎·朗格内斯，正在主持一项名叫"整合教育学习"的教育项目。

她第一次来中国，刚刚参加完在江苏盐城举办的"过程思想与高等教育发展国际研讨会"。她送给我一本书——《教育可以是这样的：整合教育学习模式》，这是她对自己多年来实践整合教育学习模式的总结。听我的一个学生说，特蕾莎（还有当时坐在她身边的另一位美国专家）对我的报告留下了深刻的印象。他们没有想到，在中国可以看到对教育发展，特别是德育发展如此焦灼的期盼，对孩子的成长如此深情的关注……

回到家，处理完一些"家庭作业"，我打开台灯，开始翻阅特蕾莎送给我的书。啊哈！她竟是我研究情感教育曾经搜索过的一位学者！我曾经对美国的德育做过一些了解和研究，特蕾莎在整合教育学习模式中共列出 56 种心灵习惯，比如"人道主义情怀""远视""领导才能""意识""利他精神"等，其做法和德育有一脉相承之处。我连夜读完她的《教育可以是这样的：整合教育学习模式》，并把学习心得写到当天的日记里。中国人爱说缘分，我和特蕾莎之间应该也有一种缘分吧。我早已关注到她的研究，可巧就让我们邂逅。我在北京小学的报告讲到当今学校德育理念的调整和实践探索，需要认识道德作为一种文化、德性作为个人的品质，它们都是整体的。德育作为一种文化，离不开民族的思维方式、行为方式和情感方式，离不开制度、思想层面的历史积淀，因此它具有整体性。德性作为个人的品质，与个人的行为特征、心理状态、生活经历有关，因此也具有整体性。如果把它们分离出来是不可能的。学校德育、智育、体育、美育、劳育应该是彼此联系的、不可分离的。教师需要明确，所有的教育活动都应当有助于品德教育的目标。除了有这样的意识，教师还要有一些技巧，能够将学科学习和品德教育统整起来。这个思想和特蕾莎的整合教育有许多不谋而合之处，这也成为我们再次相见，并进行深入对话的基础。那也是个难忘的日子。

　　2005年6月初，我们在中央教育科学研究所再次见面，进行了长达三个小时的对话。我们不仅谈到了她的整合教育、我的情感教育，还谈到了我们共同喜欢的一位西方哲学家怀特海和他的过程哲学。我发现，特蕾莎的整合教育学习模式是基于过程理论的，她自己也肯定了这一点。她说，自己进行整合教育探索初期并没有读过怀特海的书，她是在实践中接触到了怀特海的思想。我接触怀特海哲学始于20世纪90年代初期，我喜欢他的思想，因为东方的传统文化一向比较反对两极化的思想，反对主客两分的思维方式，坚持天人合一，人和自然是一个整体，主张在自然中学习。我们传统文化的精髓，和怀特海的过程、整体、机体思想有契合之处。出于对怀特海的喜欢，我应邀参加了2007年7月在山东烟台召开的"过程思维与课程改革"国际学术研讨会，并担任大会的中方主席。几年之后，我有机会参与中美教育工作者合作在中国几十所小学开展的"基于项目的学习"研究，它是一个典型的整合式学习模式。我带着自己的博士生团队，为这个项目从德育的视角设计了一套思想和操作要求，探索并指导小学教师、家长带领孩子一起在开展项目学习的过程中学习道德。我兴奋地意识到，这正是我和特蕾莎 2005 年讨论和追求的学校德育理想，它是整合性的、学习者主体介入的，而不是封闭隔离的、成人灌输的学习道德、成长道德。她的思想和精彩的操作案例给我和学生们的工作许多有益的启发。沉浸于这个研究并享受其中的愉悦时，我特别想念特蕾莎。希望我们有机会再次见面，那时的交流将会有新的研究基础和新的感受。

公民教育与道德价值观教育：区别与联系

——与李荣安教授的对话

朱小蔓：非常高兴李荣安教授今天到中央教育科学研究所，和我们一起讨论公民教育、道德教育和价值观教育问题。我和李教授是老朋友，我们有八年的交往和友谊。在我的印象中，您是一个酷爱研究的人，您总是有新的研究选题，总是在琢磨新的研究方法。无论是理论的积累和建构，还是自己动手做项目研究，以及把研究转化为教师和校长的职场培训，您都可以很自如地在这三个方面进行互动和转化。有的学者专事于理论著述，亲自带团队做项目研究的少；有的学者做项目研究多，但主要是出数据和事实，缺少深度分析，不太关心理论发展；也有学者愿意做理论、做项目，却不太愿意到中小学一线进行职场培训。在我看来，您既关心理论，又积极做项目，积极向世界各地的基金会申请项目资助。同时，您还非常喜欢做培训。不知道我的这个印象和判断对不对？

李荣安：您的观察非常准确。我确实是对理论研究、项目研究、实践研究三个方面都有同样的兴趣，而且，我这三个方面的兴趣主要集中在道德教育领域。其实，教育本身就包含着理论实证和实践。以往的教育研究存在一个问题，搞研究的人不懂实践，看不起实践；搞实践的人没有兴趣研究，看不起理论。有一次在某教育学院开会，有一位理论研究人员受我开展得比较成功的道德教育实践影响，对我说，他现在开始觉得实践重要了，我很感动。的确，没有理论研究不行，理论要通过实践证明；没有实践也不行，实践要通过理论研究的支持来推广和发展。所以，我觉得三者结合是很重要的。搞教育不到学校去怎么行？我们不可能在自己的房间里搞一套很好的教育。不到学校去，不跟学生接触，就完全不明白自己搞了什么东西。

朱小蔓：教育的本性就是理论和实践的统一与整合。作为一个教育学者，只有把这两方面的活动建立在自己的生命活动中，才能够把它们统合起来，才能把教育的最大效用发挥出来。也许正是这个原因，我们才会比较投缘。其实，您最早对我进行情感教育研究的嘉许和鼓励，一直是我在这个领域里不断开拓的重要动力。当时，我们与海外联系还比较少，内地之外的学者对我的研究加以肯定，这是一个很重要的支持。

李荣安：那是因为我在南京看到您的书了。

朱小蔓：您关于愉快教育研究的那本著作对我后来研究情感教育有一个持续性的推动，尤其是您对愉快教育、对教与学过程中的喜悦的总结。

李荣安：是那本《学与教的喜悦》。

朱小蔓：那本著作是您带着一批同事和教师，从小学的教学实际中研究如何让孩子把学习变成一件愉快的事情的成果。那时我们已经在实验和实践素质教育思想，进行学校教育模式的改革。那本书对于我在建立情感教育理论框架后，进一步深入课堂和教育职场去看什么是情感教育，有着极大的帮助。直到现在，我还经常向我的学生介绍这本著作。

李荣安：非常感谢您。我从来没有想过我的书是有用的。

朱小蔓：您对道德教育、价值观教育和公民教育情有独钟。在价值观教育这方面，您最具代表性的一篇论文是《从道德角度看价值、文化和教育》。这篇文章收录在由我主编的《道德教育论丛》（第二卷）里。这两天我又重读了这篇大作，发现过去理解的还有不足之处。您认为，教育都是有道德性的，道德教育尤其是有道德性的。为什么教育具有道德性呢？因为教育活动总是在传递价值。那么，传递什么样的价值可能使教育体现出道德性呢？这就得研究它所传递的价值观的内容和方式，即什么内容和用什么方法传递能够使教育具有道德性。您提出一个观点，即价值观体系中有很多价值范畴，价值观体系的外延比道德体系的外延更广一些。您强调，在价值观体系中道德价值观是最核心和基础的，因为它关涉价值观的其他方面。这个观点我非常认同。

李荣安：从"教育"这个词的定义来讲，它是有道德性的。中国的"教育"本来就含有培养、修养的意思。"教"就是将上一代的东西教给下一代。上一代的东西包括两方面，一是技能技术，二是怎样做人。怎样做人肯定就有道德性。不仅中国人对教育的看法是这样，西方也非常强调教育的道德性。涂尔干认为，教育就是一个理想人的传递，就是将一个时代、一个社会的理想人传到下一代。每一个时代、每一个社会的理想人都会有所改变，但这个改变也变成了每个时代、每个社会教育的内容。比如，古希腊的理想人包括几个方面：有知识、有技术、有好的身体（包括健康、体态等），还有一个重要因素，就是精神要素。在古希腊，理想的人要有很高尚的情操，这就是道德的部分。英国哲学家约翰·怀特认为，教育基本上就是公民教育。他有一篇文章讲得很有道理。他以英国社会为背景，认为英国社会有一个特点，就是人民要向政府问责。但人民向政府问责的前提，是人民理解政府的政策。如果一个社会的老百姓是文盲，又如何问责呢？所以，教育基本上就是公民教育，是一条使政府向老百姓负责任的基本途径。我们在学习的过程中要发展和建立自己的观点，也要欣赏其他人的观点。如果不欣赏，起码要忍受、宽容、容纳其他人的观点，这样，我们才能有一个和谐的社会、可以共处的社会。教育过程中包含基本的价值传递。按照西方的概念，教育本身就是一个社会化过程，也是一个将社会的文化价值观传递下去的过程。由此我们看到，教育和道德教育分不开，教育和价值观教育分不开，道德教育和价值观教育分不开。

朱小蔓：根据您的讲述，我建议就这几个问题再做进一步讨论。先谈公民的道德教育和公民教育的问题。东西方的公民教育有自己的特点与内涵。东方的公民教育与西方的公民教育存在着取向上的差异：西方主要是进行公民的教育，而中国则偏重对公民进行道德教育。就您刚才所讲，公民教育主要指公民在参与国家政策的过程中，理解、执行、问责的种种素质和能力。而对公民进行道德的教育，则包括其他一些内容。另一个重要问题，即什么是价值观？在价值观教育、道德教育、公民教育等范畴中，确定价值观的依据是什么呢？在我看来，不同国家、民族在不同时期，其价值观所推崇的德目可能是不同的，在排序上可能也不一样，有的更注重诚实，有的更注重责任。在个体的不同生命阶段，其价值观也有不同的排序。

李荣安：我觉得要先谈公民教育，再谈公民道德教育，然后才可以谈价值观。公民教育其实就是公民身份的教育。先谈公民身份才可以谈公民道德，谈公民道德就要明白价值观或者核心道德观。在每一个社会我们都要谈公民的身份，即"我是谁"。这个"我是谁"，对每一个人，无论在哪一个时代生活，都是一个很重要的问题。每一个人都有身份，我是我自己，是我爸爸的孩子，是我太太的丈夫，是孩子的父亲……但归根结底，我是这个社会的一员。我们是在这个前提下谈对公民的理解的。要谈公民身份，就要先从"关系"角度来看这个问题。人首先从家庭这种最亲近、最直接的关系出发，才能逐步扩展到邻里、社群、国家、国际等较远、较间接的社会关系。每一个公民都是先学习家庭伦理，再学习社会伦理，然后学习民族、国家伦理。谈公民教育或者公民身份教育的时候，必须从公民在社会中的多重关系的层次性出发，否则就会出现很多公民不愿意接受的问题。比如说，如果不从家庭开始，直接跳到公民与国家关系、国际关系，可能有很多问题不容易理解；但如果从家庭伦理、从社区的角度一层一层向外扩展，人们就容易明白。如果在家庭关系中需要有一些互相迁就、理解、信任等基本的要求，那么人与国家的关系也同样需要一些基本要求，这样公民就容易明白、接受。这也是中国传统的伦理关系，即修身、齐家、治国、平天下。所以，公民教育就是公民身份的教育，公民身份的教育就是公民关系的教育，公民关系的教育要先从人际关系开始。

朱小蔓：您的逻辑推论线索非常清晰，而且符合生命活动的规律。我在研究情感教育的时候就是依照这样一个思路推进的。胎儿在子宫里听见的成人的声音对其有一个刺激，其出生后容易产生对人的亲近感。抚养人与婴幼儿之间恰当的情感应答关系会使人产生安全、依恋、自我认同的感受。由此出发，再去认同亲属、朋友、社区等。对民族自豪感、民族自尊心、国家意识这些品质的培养，一定是建立在最基本的人道主义关系基础之上的。

李荣安："关系"是一个很重要的起点，其实，道德就是人际关系的一个重要基础。

朱小蔓：人只有在最直接的关系中才能够学习到最真实的交往、交往的情感应对、交往的技能，等等。离开具体行为的摸索和培养，让人们直接建立与国家的关系是很困难的。

李荣安：对，这太抽象了。其实，我确立这个看法也有一个背景。1996年，也就是香港回归前一年，香港政府委托我编写公民教育指引。我想来想去只有将公民教育归到最核心的问题来讲，才能解决这个问题。我首先提出公民教育是为谁服务的。公民教育当然是为人服务的，人是最重要的。公民教育如果不能提高生命质素，就没有任何意义。从通过公民教育以提升公民关系这个角度出发，我解开了当时的很多"结"。

朱小蔓：您这样分析就把公民教育和以人为本的教育连接起来了，使得公民教育有一个个体生命的根基，有一个处理人际关系的基础。

李荣安：我继续谈公民道德教育。每个公民个体如何在集体、社会中生活，这涉及一个个人操守的问题，也就是人与人相处时的道德态度与道德行为问题。当然，它背后是道德价值观的问题。谈到这个问题，就要回答什么是道德，道德主要的目的是什么。关于这个问题，其实有两派观点。一派认为道德就是个人道德，关起门来做什么这是个人的事情，跟其他人没有关系，这是西方道德教育的起点，基本上是个人主义的道德价值观。西方道德教育中强调的道德推理、价值澄清都是从个人出发的。但是他们忘记了，如果一个人有很好的操守，但这个操守不能够发展出群体生活，就完全没有意义。所以，拥有积极的价值观以后，下一步是什么？下一步就是人与人相处。如果个人的价值观、道德观与别人不相同时怎么处理？这就需要价值妥协。社会道德观就是通过价值妥协从个人道德观延伸、发展出来的，公民道德观也是在这个情况下出现的。只有先从个人道德谈起，然后才能发展到社会道德。所以对我来讲，公民道德观跟社会道德观都是一样的。

朱小蔓：在西方文化里，道德主要是以个体的文化价值认同为取向的。在这种取向下，人们推崇的是价值无涉的立场，在方法上讲求的是通过道德判断去选择个人所信奉的道德。这种观念指导下的道德教育，在美国曾持续了一段时间。我们也曾一度认为，应当培养学生的选择能力，把培养学生的选择能力作为主导取向。我不反对培养学生的选择能力，但把选择能力当作最主要的甚至是唯一的教育目标，这一定是有偏颇的。在实际人际关系中，还需要妥协、自持、忍让、奉献。这就有一个关系性问题出来了。

李荣安：所以，公民道德就是关系性的道德，公民道德教育就是社会道德性的教育。西方信奉价值澄清就是信奉价值无涉的价值观，这本身就是一个自由主义的价值观，我们其实就是有一个基本的道德规范，人人自律，而他们过于自我放纵。后来美国、英国等有很多的反省。20 世纪 80 年代，美国推出了一些公民道德标准。英国 1987 年推出《公民教育报告书》，提到共享价值(shared values)的理念，就是说，无论个人价值观有多么重要，也要谈社会共同的价值观。约翰·怀特在他的著作里强调，不能对孩子放任自流，孩子只有长大以后才有能力进行自主选择，教导孩子选择价值观是成人的责任。我看他的书的时候以为在看中国人写的书。这是一个有趣的文化现象，东方在趋向开放、走向个人化，西方社会却在走向集体主义。

朱小蔓：我们认为，在学校中对学生进行价值观教育，应该首先从基础开始。我认为，基于价值观的品格教育应该是德育的基础和内核。中文"德育"这个概念在英文里没有对应的词，这是中国的土产，是把政治教育、思想教育、道德教育、法制教育、心理教育综合在一个大的框架里。思想教育、政治教育是需要的，因为它和公民教育有关涉。我要问的是，价值观认定的根据是什么？应当确定哪些德目范畴为价值？

李荣安：价值学对这个问题有回答。西方关于价值观比较重要的论述基本上都谈到怎样理解价值观的问题。他们有一个简单的方法，就是问一个问题，这个问题用"为什么"来替代。当追问一个价值观"为什么"一直到不可以再回答时，那就是核心价值了。比如爱，为什么要爱？爱有好处吗？为什么有好处就要爱呢？没有好处需不需要爱了？最后，爱就是爱，没有爱，人就不可以生存。比如生命。生命为什么宝贵？没有生命，我们就不能问这个问题，所以生命宝贵。为什么要谈生命宝贵？生命就是生命，生命就是宝贵的。问到最后我们再也没有办法解释，这个就是核心价值。他们将价值观分成两个基本部分，一个是终极价值观，一个是工具性价值观。终极价值观与工具性价值观、作为目的和作为手段的价值观、核心价值观与辅助性价值观，这些用的都是两分法，不同学者用不同的名称。但是无论哪一派、哪一个名词，他们主要还是根据对最后一个问题的回答来确定核心价值观。

柯尔伯格的道德教育哲学中也提出了一个问题，根据对这个问题的回答，他将人的道德发展分为六个阶段。其实，他也谈到最好还要有一个问题，就是为什么要有道德，这个问题怎么都解释不了。他说，这就是人生来的使命感，人生来的内在精神延续，人生来的生命素材。生命是神圣的，爱是人生命的一部分，诚实是人的基本素质，人人都爱好和平，有信用、有信誉，等等，这都是我们与人相处的重要条件。在任何一个社会，无论信仰什么，社会背景是什么，文化特点是什么，人类的文化基本上都是谈这些问题。从这里就发展出了核心价值。找出这个核心价值不是道德教育的难题，人类伟大的道德情操在任何一个文化领域都可以找到。不同之处——也是道德教育最大的问题——就是应用。比如说"爱"。我爱你，我用什么方法爱你呢？爸爸妈妈打你是爱，疼你也是爱，放纵你也是爱。价值观的应用才是最大的问题。道德价值观永远讨论不完，就是因为这是个应用的问题。同一个道德价值观应用在不同社会、不同家庭、不同文化体系、不同族群，就有不同的做法。我们需要社会宽容，其实不是在价值观上宽容，而是在应用价值观的方法上宽容，这是很难的。

朱小蔓：学校应当推崇什么样的核心价值？这里就有一个立场和选择的问题。我们根据什么来认定核心价值，并在学校里传递它呢？我找了三个理由。第一，核心价值应该是体现生命早期特征的价值观。学校道德教育是针对孩子的，应该找到孩子在3岁至8岁的生命过程中最容易出现的、所需要的价值观，尤其是对生命早期就会出现的东西及早施加影响，可能会为孩子一生的道德学习奠定扎实的基础。我把它看作核心价值的生命早期性特征。某种价值观是不是核心价值，要看它有没有生命的早期性特征，或者说，它在生命活动中是否作为基础性的东西反复出现。第二，核心价值应该具有历史恒常性。人类的道德价值观在历史演变过程中虽然不断地发展，但总有一些是沉淀下来、恒常不变的。第三，核心价值应该是为大家所共同奉行的价值观。

李荣安：我认为要寻找核心价值，首先应该从生命中来找。我们都有共同的生命，这个价值观就是与生俱来的，也是最有说服力的，因为它不是外加的。应该从孩子开始，在孩子成长最重要的时候打下最扎实的基础。

朱小蔓：我想，您大概是一个愿意在与孩子们的交往中发现自己生命价值的人。您觉得影响到了孩子，使家长感到孩子在成长，就会有很大的满足感。这就是现象学教育学家马克斯·范梅南所说的，一定意义上说，教育学是迷恋人的成长的学问。

李荣安：在儿童道德教育中我也有很多反省。最多的反省是我看到儿童生命真的一部分，同时也是成人假的一部分。比如对待说谎，我们成人认为，有善意的谎、无所谓的谎、中性的谎，这样的观念对孩子的道德教育有说服力吗？

朱小蔓：我们要反对双重人格，道德教育不能助长人形成双重人格。言行一致是人的基本素质。如果一个人口不对心，心里会很痛苦。要做一个快乐的人，就要从孩子开始，帮助他们学会言行一致。

李荣安：在对孩子进行道德教育的过程中，应该研究怎样将他们人性里真的一部分尽量发挥出来。只有这样，人类社会才可以进步。

朱小蔓：把人性中真的一面挖掘出来，强化起来，尝试从生命本身找到道德学习的希望，这是我们最近在做的道德学习研究中的一个基本立场和想法。生命有道德学习的潜能，这种潜能在生命的原初状态中就表现出来了。这种道德学习的潜能是与生俱来的，是生命进化的结果。问题在于，成人为儿童的道德学习提供什么样的环境、情境和条件，这是需要成人思考的重要问题。现在道德教育效果不理想的一个主要原因，就是比较多地强调社会需要，而不太顾及个体生命需要和生命规律。

李荣安：两三年前我跟您谈到，要从孩子的内在本质中找出道德要素，由此出发开展道德教育。我们曾经分别在南京、广州、香港各找了一百篇学生的作文，没有事前指导，允许学生自由地写，谈谈自己，谈谈他人，谈谈大自然。我将谈大自然的一百篇作文输入电脑，然后用定性研究软件把其中谈到大自然各方面的关键词、与关键词有关的句子都找出来，做了综合分析。我在南京师范大学、中山大学请一些老师看这些文章，从中找出一个环保观。他们从香港小学生的作文里归纳出一个很宏观的环保观。这些谈环保的原始素材就是小学生的作文。

由此可以提出两个问题：一是我们在教学中用学生自己的表达及成果，帮助学生整理自己的观点，找出自身具有的道德观念，再把这些道德观念返回去对学生进行相关的道德教育，跟以往那种运用成人的道德观念、预制的道德材料对学生进行"虚拟的"道德教育相比，哪个效果好一些？二是有没有从孩子的作文中发现一些教材中并没有提到的环保概念。为什么能够从一篇随意的作文中找出那么丰富的环保概念呢？后来我就想到公民教育和道德教育的问题。孩子们可能原来已经有了一些想法，但是我们在教学过程中却假设他们什么也不懂。

朱小蔓：这里面隐含了一个假设，就是孩子对某个具体的道德观会有他自己的理解，虽然不一定和成人的理解一样。我们需要寻找儿童自己对道德的理解。我们假设他可能懂得，也可能不完全懂得，但至少他有自己的想法，他不是一张白纸。第二个假设就是我们可以用取之于儿童本身的资源，对儿童进行道德教育。

李荣安：这也是对教师功底的一种考验。如果要从孩子们的原始素材中整理出道德规律，对教师能力的要求更高，当然，孩子们从中获得的满足感也更大。在课程结束的时候，他们会发现道德规律是自己提出来的，有必要遵守自己提出的道德规律，因为这不是成人强加的。这是我在这几年研究过程中一个很重要的发现。

朱小蔓：您做研究的方式，是在不断地发现，以超定性的方式来处理定性与定量结合的问题。

李荣安：定性是第一层，超定性就是用定性的研究方法研究前一个定性研究的结果。

朱小蔓：我们要学习您的研究方法。最近读到您的两篇新作，感觉您对公民教育的研究有了推进和深入。如果说过去您比较注重公民教育的公民性，那么现在您通过研究发现，对于公民性有许多不同的理解。世界各地中小学都在用各种不同的课程进行公民教育，公民教育可以渗透在很多学科里。重要的是，您发现当今时代对传统的公民观念有很大的挑战和刷新。我想请您就这些研究发现做一介绍。

李荣安：公民观在欧洲经过几个发展阶段。第一阶段称为古典的公民观，就是古希腊时代的公民观。那时候城市中有三分之一是公民，三分之二是奴隶，奴隶没有人权。时代发展到个人主义的公民观时，公民权问题也随之出现了。人们开始思考公民权的内容不仅应当包括政治权，也要有经济权，再后就发展到国家－民族公民观。随着欧洲民族主义的兴起，开始从国家－民族的角度来定义公民。随着国际交往增多，就发展到后民主时代的公民观。不管哪个国家的公民都是全球的一员，一个超民族的公民观出现了，欧洲共同体、欧盟的出现就是一个例子。一个公民既是德国人，同时也是欧洲人，跨民族的公民出现了。在这个发展轨迹中，一个人的公民身份有两个要素，一个是国家－民族的要素，一个是人文性的要素。人文性要素比国家－民族要素重要，原因有几个。现在全球人口流动太多太快，很难把国家－民族作为定义公民身份的唯一准则。欧盟出现之后，他们开始承认其他国家的成员是自己的一部分，这就需要处理非法移民的问题。他们承认其他国家公民的时候，也同时承认其他国家的非法移民。因为原来欧洲国家的非法移民都享受一些本地福利，包括医疗、法律等。比如，非法移民也可以上学，上学是公民权的内容，在这里生活的人就有机会上学，他们不会问身份的问题。所以，现在我们生活在一个新的时代，需要新的心态，懂得跟全世界的人相处。我们现在的道德行为、生活模式、价值观将会影响我们的下一代，将会影响其他国家的成员。我们现在开始发展未来的公民观。现在做的东西是为了未来的发展。

朱小蔓：从您两篇重要的论文中，我们对公民观的历史发展以及传统公民观所面对的现代挑战，有了更清晰的认识。您认为东西方的公民观有什么区别呢？

李荣安：西方的公民观是西方社会的文化产物，是以西方历史发展为背景的公民观，它对东方社会不适用。因此，一定要发展亚洲的公民观，要将亚洲文化变成公民教育的元素。亚洲公民观与西方公民观有什么分别呢？西方的历史是政治斗争的历史，如法国大革命、文艺复兴、启蒙运动都是斗争的历史。但是亚洲人讲究和谐。我刚才谈公民道德观、谈关系您觉得能接受。在西方，如果谈关系他们觉得好像不关他们的事，这就是文化的区别。从这个角度讲，西方公民观是以个人主义、政治权利为起点的，东方公民观是以关系为起点，是关系性的公民观。我在西方文献中发现，中国人和西方人对个体的看法也不一样。西方谈的个人是个人主义、个人中心的，中国人谈的个人是个人性格问题、人格问题。用英文来讲，在西方是"individualism"，但在中国是"personality"。如果我们以关系为出发点，就可以明白为什么中国人谈公民和西方人谈公民不一样。我们是谈公民道德，谈公民关系，在生活中有好的人际关系，有利于个体发展，就满足了公民期望。

朱小蔓：内地在 2001 年由政府正式提出《公民道德建设实施纲要》（以下简称《纲要》），推进了公民教育的研究。《纲要》主要阐述的是如何对中华人民共和国公民进行良好道德的教育。这和西方的公民观的确有很大的不同。在这个特定时期，整合东西方的优秀文化资源，给中国的公民教育一个价值定位是很重要的。刚才您已经提到核心价值教育的应用问题，这的确是很难的，而又恰恰是真实面对教育的人必须关注的。我想请您结合做教师培训和校长培训的经验，谈谈如何把公民教育研究，包括价值观、道德教育的研究，运用到教师培训尤其是校长培训中去，同时介绍一下对校长的培训与对教师的培训在这方面又有什么不同。

李荣安：我出了两本书——《中学公民教育：多元化的社会实践》和《小学公民教育》。我研究教育学的书主要都是写实践的，因为我一向觉得实践很重要。我在小学有一个项目，是培训小学的公民教育教师。我们提出探究、批判、参与、双赢、与人相处五种公民教学法。很多公民教育的方法既有好处也有不足。不足的地方，就是我们将公民教育虚拟化，在教室里谈公民道德、公民行为，人之间的关系都是虚构出来的，是一些假的情境。学生在课堂里可以表现很好，但回到家是另外一个人；或者他们对公民价值观都很同意，但是做不出来。我尝试给他们一个实际的生活情境，通过服务来调整他们的公民态度，所以后来我们在中学发展了服务学习。另外，我们也开展了生命教育、社区探究等几方面的教育。社区探究与服务学习有相似的地方，就是做一个公民，首先从认识社区、认识住地环境和周围的人开始。先要对住的地方的特点有把握、有认识，然后才有认同，能为社区服务。在服务学习中，我们为他们提供很多服务机会，将服务与学习结合起来，服务之后请学生一起讲服务过程中学到的东西，请他们提出什么是重要的公民价值，什么是重要的道德价值，什么行为对其他人有用。在讨论、互动的过程中深化他们的生活体验，巩固他们的道德价值观。生命教育是教育孩子要珍惜自己的生命、珍惜他人的生命，从而懂得重视自己、重视他人是很重要的公民观。人与大自然的关系是亚洲公民教育的一个很重要的部分，但是这个问题在西方社会好像没有谈到。我到中学发展公民教育，会让教师先说说自己教学中的缺陷、问题以及希望达到的目标，然后我再讲用什么方法可以更有效地解决学校的问题。当我并不定义怎么做公民教育，而是按照具体的情境和需要，从问题出发，我发展出原来没有想过的其他公民教育法。我现在有一个倾向和大方向，就是通过调动学生积极性，把学校具体情况作为考虑公民教育方法的素材，然后再去制订计划。我发现，原来的公民教育法受西方道德推理、价值澄清的影响很深。我们坚持先看实际情况，然后将他们的实践整理出一套理论，我们的理论就变得多元化了。

朱小蔓：最近这几年流行的校本研究、扎根研究，讲的都是更加重视教师的经验，鼓励教师把经验提炼成理论。但这里有一个难题是，我们对理论抱有什么样的期待，把经验总结成什么样就叫作提炼出理论了？也许学界还是不承认这些东西，觉得这仍然只是经验。

李荣安：我不需要他们承认。如果学者承认的理论对实践没有用的话，纯粹是什么都没有做。我希望通过教师的实际生活，根据学校工作的需要、学生的需要提出一些解决方法。理论的定义主要有两条。就是将经验系统化，然后找出根本的理论出发点，也就是基本假设。如果实践可以达到这两个功能，将行动发展成一套系统，从系统找出基本假设的源头，我们就基本上解决了理论的要素问题。在这个过程当中，可能要将几种类似的经验整合在一起，但我认为起初不需要太仔细，我们需要先将实践经验整理好，这是一个出发点。

朱小蔓：也就是说，理论应该尽可能在经验的土壤中丰富起来，尽可能地调动教师的主体性，让他们展开想象、创造经验，反思自己的经验，在这个基础上凭借对理论的敏感以及形成理论的要素，将经验系统化，并找出基本假设的源头。您可不可以说说这个基本假设的源头？

李荣安：让我举例说明。在服务学习过程中，有的学生对他人的需要特别敏感，也有的学生则对他人的需要不太关心。我们请学生、老师参与讨论，什么原因使我们对其他人的需要敏感，什么样的态度、什么样的服务可以帮助人，在帮助人的过程中有什么东西可以丰富自己，通过服务学习我们要把握什么基本的价值观。我尽量将这个过程系统化。然后我们再提出几个问题：人际关系的起点是什么？建立态度的关键点是什么？有效的实践方法、基本的要素又是什么？之后我就尝试回到学术中，找出一些有关的价值观，建立教学法和理论参照。

朱小蔓： 尽管每个学生的个人背景是不一样的，但是在学校教育的共同价值观指导下，通过教师引导应该可以找到某些能够有效影响学生的规律。这就是说，要承认教育理论有个体性、个别性，要认识到教育理论不大可能像自然科学理论那样具有共通性，每一种教育理论都有它的具体适用范围。教育理论工作者既要反对完全用自然科学的方法去寻找规律性，又不能满足于经验，要找到那种基于丰富经验之上、有一定理论概括力、能够在一定程度上突破个体限制的规律。因此，教师在教育学的理论建构中有很重要的地位、作用和价值，应当鼓励教师重视经验、发现经验、表达经验。研究者在与教师合作的过程中必须突破合作的阻隔，让教师把他们的经验充分表达出来，否则就发现不了有意义的东西。

谢谢李教授。

一个以教育研究为生命的人

——李荣安教授印象记

李荣安教授，一个太勤奋的人，一个执着于自己的理想信念而埋头苦干的人。第一次见李荣安教授大约是在 1994 年，他到南京师范大学参加教育专业的一个学术研讨会。散会后，我们在南山宾馆门口话别。他向我传递他本人以及香港同行对拙著《情感教育论纲》的读后感，十分赞赏这个选题以及所做的工作。说实话，这本著作虽然是我在前些年教育思考的心得，但毕竟当时入教育专业的门刚刚几年，对教育的认识，对教育研究尚未有多少亲身体会，周围的老师、同行鼓励我，但究竟是否立得住，学术价值如何，心里很没底。荣安教授长期在香港做教育研究，尤精道德教育专业，而且在世界范围内进行合作交流。他的评价，还有差不多同时期香港大学副校长程介明教授的评价，给了我最早的令人激动的鼓励和学术自信。

从那以后，特别是 20 世纪 90 年代末期，我们的交往多起来。从 1998 年到 2005 年，我们有几次在南京、香港、北京进行会面。他是一个做研究的好手。他总能发现问题，有发现问题的敏感性，我以为这是源于他对社会现象的关注，对道德正义的坚守。他的研究选题，既有宏观的大问题，比如从道德角度看价值、文化和教育，用哲学的、历史的、文化比较的视野和方法去分析、认识；又有中观层次的，比如分析亚洲人的公民观与西方人有什么不同，儿童的道德概念与成人有什么不同；还有微观层次的，如课堂教学中的喜与乐的问题。无论研究宏观、中观，还是微观，无论研究什么国家、地区，什么人群，问题大多聚焦在道德价值观上。我感受到他的忧虑，相信今天选择道德问题做研究方向的人，一定都有对社会秩序、人类文明的关切。同时，我也很欣赏他的豁达，他居然从几代年轻人的价值观及行为方式的比较中得出对道德进步十分新颖、乐观的结论（可参见他 2006 年 5 月在北京公民教育论坛上的演讲稿）。

他创办的香港教育学院公民教育中心在他主持期间十分活跃，一直是拿研究资助项目的大户，其中有些项目，他请内地学者一起做，如中山大学的李萍、钟明华两位教授，上海师大的古人伏教授。我与他合作研究儿童的道德概念，在研究方法的设计上，如今我们回忆起来还相互欣赏，津津乐道。

最精彩的一次是 2006 年 11 月初，我应董建华夫人董赵洪娉女士邀请去香港讲道德教育专题，在北京首都国际机场候机时巧遇李荣安教授。他把头等舱机票让给我的同事，坐到经济舱与我相邻的座位，从登机到落地，我们整整谈了三四个小时。我们谈到许多话题，几乎每个话题，都心有戚戚焉。现在回想起来，那次讨论得最多的还是教师教育问题。

我们共同为师范教育的现状担忧。国内现行的课程改革要求教师努力实现三维（知识，能力，情感、态度、价值观）目标整合，但迄今缺少对教师在操作方面的指导。教师培养与其他职业不同，因为教师是在从事明确的价值观传承工作，是每日与学生打交道的工作。因此，教师的专业化框架更需要知识与操守两个维度的统一，教师的培养不能用训练的模式，而要用教育、教养的模式；训练可能解决知识与技能目标，教育、教养则旨在内在修养、气质和判断道德能力。我们不能想象一个教师可以不修德行，不持操守，不对学生在道德价值观方面产生影响。师范院校向综合性大学转型，有其历史和现实的合理性，但一定要利用综合性大学的优势支持面向中小学工作的教师培养。如果盲目崇拜古典大学的学术主义，师范生的学习走向分殊化的、分割式的道路，不但没学到大学的好东西，倒是学了大学的坏东西。

李荣安教授对内地和香港大学的教育研究中对教学研究过少，对教学法研究不重视，其学术水平和地位偏低很是忧虑。我当然也深有同感。我在南京师范大学主管教学工作时，深感学科教学研究被边缘化，虽尽力做了一些工作，但在当时的氛围中难有大成效。李荣安教授倒是对香港教育学院这几年培养的学生有很正面的评价，认为这些师范生教学、教育素养好，进入中小学工作很有声誉。谈起他工作过的香港教育学院，他充满感情，也很自信。他说自己离开这个学院去澳大利亚悉尼大学工作，是想再学点东西，干两年就会回来的。果然，李教授后来回归香港教育学院了。他回来出任常务副校长，带领他的同事规划香港教育学院更名教育大学的蓝图。我的办公桌上放着他写来的信，希望我们支持他的理想并提出积极建议。

我相信，他是一个以教育研究为生命和人生使命的人。不管在哪个环境中，他都会把全部精力用于教育研究。果然，他后来被选举为世界比较教育学会会长，并且成功地完成一届会长使命。与他相处最长的一段时间是 2009 年的夏天，那时我在联合国教科文组织国际农村教育研究与培训中心任主任。我们利用暑假对中国农村教育进行考察，一起走过山东、江苏、安徽、湖南、江西五省农村的许多中小学，为农村教师做关于道德教育、课程改革、教师教育、教育科研等方面的培训。每次与他同台演讲、一起与农村教师互动，我都会产生一种学术兴奋，那是一个个联系生活、扩展经验、增进自我理解的时刻。虽说教育学科内部分化为各个分支，但解释教育问题时总是需要跨界甚至跨学科的知识储备和修养。李荣安教授的整体反应能力很强，每当遇到挑战，有他在场，我便很安心，我俩总是配合默契、应对自如。那种学习的喜悦与奉献的乐趣真是生命中最有味道的养料啊。

今天，我们应该怎样学习

——与佐藤学教授的对话

朱小蔓：非常高兴，在听了内容非常丰富的报告之后，还有机会继续跟您讨论问题。

佐藤学：我本人在这两年之内，承蒙中央教育科学研究所两度邀请，我感觉非常荣幸，尤其是我与您，在很多方面有着非常相似或者相同的观点，很谈得来，所以我一直期待着今天下午的对话。

朱小蔓：我想我也是这样。我们（中央教育科学研究所）的教育科学出版社，很荣幸地出版了几本您的大作，我们的《教育研究》杂志也已经刊载了您的论文，您的很多基本哲学理念和观点，在中国已经广泛传播。今天我们有机会就以下一些话题向您求教，同时也请您就感兴趣的问题向我提问。我想说的第一个话题就是，我从您的工作经历和学术经历中，越来越强烈地感受到我们的教育学范式革新的时代到来了，并且您作为先行者成功地体现了这种转型。

佐藤学： 对于我来说，通过与中国的接触和交流，我越来越感到日本与中国在教育方面有很多共同点，如果我们能够共同探讨和思考教育问题，就会有很多的共识，就会少走许多弯路。应该分享的就拿出来分享，应该研究的就一起研究，这才是教育研究应有的交流与合作模式。我有幸两次访问中央教育科学研究所，和这里的研究人员探讨我们共同关心的教育改革问题，也感到非常高兴，尤其是在与中国学者讨论教育改革的时候，我们有更多的共同点。一般来说，以前与其他国家学者进行讨论的时候，我们往往会考虑到两国的教育制度和改革的不同，而只有在中国讨论的时候，我们更多关注的是两国的共同点。

朱小蔓： 您出版的这本书——《学习的快乐——走向对话》，其中对压缩型的现代化有一个非常精辟的看法。因为日本是以一种压缩型的现代化道路，实现了日本经济的奇迹和教育的奇迹的。在这个经济和教育的奇迹之后，日本发现了自己教育的问题。中国这些年的现代化也取得了巨大的进步，但是同时，正如您所指出的中国的教育和经济也是一种压缩型的现代化，所以我们如何应对在现代化中取得进步的同时出现的巨大的矛盾和困惑，这是我们共同的讨论话题，是一个很有意义的领域。

佐藤学： 我这几年多次来中国，每一次到中国访问，都非常感动和吃惊。中国无论是科学研究事业，还是社会经济、教育，各方面的发展都非常迅速，这种迅速发展的势态甚至超过了日本 20 世纪 70 年代的经济高速发展期。并且中国的迅速发展是在经济全球化以及社会转型期这样一个重要的历史阶段完成的，所以更具有现实意义。一般来说，大家比较注重学习日本经济发展成功的一面，但是我认为日本遇到的问题和挫折对于中国将来的发展更有参考和学习的价值。我在这里非常希望引起您注意和关注的是，从 20 世纪 70 年代到 1985 年左右，日本的国民生产总值增长了 450％，可以说在经济上创造了一个奇迹。然而，在经济快速增长的同时，也产生了非常严重的教育问题。以发展经济为目的牺牲了教育的发展。我们应该探讨的是在经济发展形势下教育的发展模式。然而，遗憾的是，日本到现在，一直没有处理好这个问题，希望中国引以为戒。

朱小蔓：实际上您提出的是一个哲学问题——经济社会和教育的关系问题。在我看来，中国政府在经济发展的同时是利用了或者是充分地、比较好地运用了经济发展的成就和条件来发展教育。由于经济的发展，我们才有可能使教育的规模在短时间内有了很大的发展。我们的高等教育的毛入学率现在已达到 21％，义务教育已经基本普及，高中教育也已经到了 70％以上——这个数字不准确，回头我们再核实（2020 年全国高等教育毛入学率 54.4％，高中阶段毛入学率 91.2％）。这样数量和规模的发展，其实我认为和经济发展是相一致的。但是经济发展和教育发展也有矛盾，这个矛盾就在于经济发展以后，它需要更多的人力资源，所以就迫切需要发展教育。但是教育究竟应该培养什么样的人？教育是为未来的社会培养人，而不仅仅是跟在经济后面被动地去适应，所以这就需要有一个教育哲学，就是您上午不断说的，我们必须要有一个哲学理念，有一个教育价值观和目的观优先的思想，要清楚知道我们是在为未来的社会培养人。所以，您非常睿智的地方是，您看清楚了未来的社会是知识型的社会，未来社会的知识是复杂性知识、综合性知识、融合性知识、流动性知识，未来的社会需要人们在学习的过程中铸造个体的合作的质，所以为未来社会培养的人，应当是会学习、善于学习也善于合作的人。这样一种哲学价值观的理念，应当在经济社会发展和教育规模发展的同时，作为一种哲学理念来引领我们的教育。

佐藤学：日本从 20 世纪 80 年代开始到现在，它的基础教育改革一直受到两大动力的推动：一个是第二次世界大战以后，日本要发展经济，增强国力；另外一个是"二战"以后，日本很多人（包括教师）都在主张和平主义，主张和平发展民主主义，建立一个民主主义的社会。一个是要增强国力，一个是要建设民主主义的社会，这两个大方向引领着日本的学校教育改革，使得日本高中的升学率达到了 90％以上，现在已达到 97％了。同时，日本在国际上的竞争能力，已经得到了很大程度的提高。这两者虽然是共存的，但是提高综合国力和教育的公平发展，在经济发展和民主主义发展的进程中，还有很大的差距。我本人担任文部科学省的教育咨询顾问，在与政府官员的交流中，我感觉日本 20 多年来的教育政策一直是偏重优先发展经济，有些忽视和轻视民主主义的进程。战后一段时间，日本的贫富差距是很小的。20 世纪 70 年代前后，日本作为产业社会实现了飞速发展，当时的教育主要是为产业的发展服务，培养大量的产业人才，而教育本身也呈现出明显的产业化发展特征。现在，正如您所讲的，产业社会已经逐渐向后产业时代改变了，处于转型期的这种新时代，是一种什么样的社会形态，需要什么样的人才呢？以前的社会资本可能是物资和金钱，可是现在的社会资本就是人力资源，而日本的许多教育工作者和教师对此没有深刻研究和反省，这是一大问题。根据经济合作与发展组织的贫富差距调查报告，现在贫富差距最大的 30 个国家当中，日本名列第五，这个结果令人吃惊。可是在这以前，日本的教育（包括教师）对于这样深刻的社会问题非常不敏感，并没有很好地思考贫富差距的问题，希望中国在今后的改革当中，能把日本仍然没有解决的问题处理好。

朱小蔓：谢谢您关注中国教育发展的健康方向。这对我们也是一个提示，其实中国政府在最近几年也已经开始进行战略性的调整。我国政府提出，在追求效益的同时要更加关注公平。因为我们在市场转型中，经济有了很大的发展，但是贫富差距也迅速拉大，城乡的差别也比较明显，所以在我们发展经济和教育的同时，又出现了新的教育不公平。最近政府正在着力调整，希望我们发展更加公平的教育，首先是在义务教育方面尽快实现公平，再逐步扩展到高中教育和高等教育。

佐藤学：我认为，我们考虑未来的教育应该怎样的时候，可以关注两个主题。一是教育是对未来的投资。如果教育不公平，就会导致对未来社会投资的不公平。如果对未来社会的投资不公平、不重视，那可能反倒会造成将来社会成本更高，带来社会不安定和不稳定的因素，可能要花很大的力气来维持社会的治安，这样花费的成本更大。为此我们首先必须保证教育的公平，保证人人都有公平参与社会活动的机会，这样比较均衡的投资会带来未来社会稳定的发展。所以说，现在的教育就是对未来社会的财源分配，我们应该掌握这样一个全新的经济概念，应该从这样一个观点上，从对未来社会投资的角度重新认识教育的公平性。二是对教育的投入。教育是未来的一个先行准备的阶段，我们要建立民主主义的教育，如果教育的投入越公平，个人的发展就越趋于多样化。需要一个新的伦理观，就是未来更多的人群可以做各种各样的事情，都会幸福地、快乐地参与社会活动和生活。依照这种伦理和哲学的理念来参与社会活动的话，我们就会创造出一个学习的社会，一个发展的、民主的、比较公平的社会。

朱小蔓：这是关于教育本质的一个哲学命题。您谈的这些问题使我想到，您十分推崇杜威的哲学。在美国哈佛大学的学术工作中，您很仔细地学习和研究了杜威的哲学思想，并且明确地把杜威的哲学思想作为您的教育理论的重要哲学来源之一。对这点，我也很认同，因为我认为在很多哲学流派中，最值得我们教育学界重视的，或者说迄今没有过时，仍然有生命力的，是杜威的哲学思想。因为他最早提出学习是一个交互的过程，学习是在一个共同体中进行的，学习是为个人获得生活的资本，也是为在未来的社会获得社会资本。所以在杜威那里，从来就没有个人和社会的二元对立；至少在我所知道的哲学家和教育哲学家里面，杜威是最早最好地摒弃二元论的思维方式，推崇关系性思维的。这和法国埃德加·莫兰的复杂思想理论非常一致，杜威的理论在此之前很早就提出了，他非常有预见性，他的思维方式非常超前。

佐藤学：在纷繁复杂的社会关系当中，如何建设一个人与人之间相互信赖的诚信关系是学习的主要方面。尤其是原来产业社会中，我们认为社会的资本、资源是物质和金钱，那么在21世纪，人力资源是社会资源更重要的组成部分。以前在产业时代，我们会很重视经济发展。现在我们的教育要解决的问题是你一个人能做什么，多数人加在一起能做什么，所有的人在一起能做什么，整个社会能做什么。我们的教育就是要调动社会中每个人的全部能力，解决整个社会到底能做什么的问题，确定是否要建立一个学习型社会。投资的多少以前可能一直用金钱和资本来表示，但今天你拥有什么样的人才，就是占有什么样的社会资源。未来的社会我们首先要考虑能不能建成一个学习型社会，一个持续发展的社会，而人力资源是这个社会的基础设施。日本现在的国内生产总值年增长率只有2.9%，而根据经济合作与发展组织的统计，各国平均的增长率是4.6%。所以日本现在由于教育和其他社会转型期的各种问题，经济发展停滞不前，远远低于经济合作与发展组织成员的平均水平。现在我们需要对未来社会有一个展望，即日本究竟要建成什么样的社会。只有对未来社会有明确的展望和目标，有可以遵循的哲学原理，才可能真正建设起一个可持续发展的社会，一个学习型社会。在今天，产业时代对学习的理解以及那时的学习模式很多已经不再适用了，希望中国的教育发展能够及早地注意到这一点。

朱小蔓：这点我非常认同。中国经历了一段时期的经济大发展和教育大发展，我们也都感觉到，我们要为未来培养人，其实是要培养将来能够合作、能够共事的人，能够适应变化的社会的人，这样的人才能够建设政府提出的和谐社会，包括为和谐世界做出中国人的贡献。所以，我们非常同意您说的，我们需要将过去传统的读、写、算这样的学习基础，即所谓的3R，调整为3C，即关怀、关切、关联。这是奥斯陆大学的一位教授提出的。为什么要这样呢？这其实是学校培养目标的根本转型，我们不再认为学校教育是把既定的东西传递给学生的单向性活动，教师和学生、学生和学生、学校和家长、教师和家长是一个互动和共生的关系，所以您提出了关于学习的本质的三个命题。您在书里提出了学习的本质，认为学习是实践性的活动，首先是文化实践，其次是社会实践，最后是伦理实践。所谓文化实践，是指学习是一种和客观世界打交道的认知活动；所谓社会实践，是指学习需要和他人发生关联；所谓伦理实践，是指和客观世界打交道、和他人沟通的过程中，需要反省自己，反省自己的过程就是一个具有伦理性的活动。而更让我感兴趣的是，这三种活动不是分离的，而是三位一体的。认知性的活动包括文化认知性的活动、社会交往性活动和伦理反思性活动，它是三位一体的，是重叠、扭结在一起的。反过来说，如果学习不是获得这三个方面的共生的话，它就会失去学习的根本价值。

佐藤学：现在，日本许多家长的教育观念中存在一个很大的误区。家长的教育投资往往用于让孩子上补习班和私塾，越是贫困的家庭这种投入越大。为什么会这样呢？为了使孩子能够在高考的竞争中取胜。这种做法本身也代表着家长对社会的不信任，对学校教育的不信任。所以一遇到事关孩子将来的大问题，就觉得我必须自己做一点什么来弥补这些，来弥补学校教育的不足。他们这样做的时候，就失去了对社会和学校能够把孩子教育好的信心，所以我们的教育要重新振作起来。首先学校要值得信赖，让人家相信你，相信把孩子送到学校就够了，就可以了；同时要建立人与人之间的信赖关系。所以，教育和学习是与他人的对话、与自己的对话和与学习对象的对话，是一种认识性的学习，需要建立一种信赖的关系。我们对学习的认识就是要通过学习来参与社会。通过学习一种知识而了解更多的知识，通过参与性的学习融入社会，以参与性和体验性的形式来参与学习。这就需要对任何事物要细心，要有关怀，还要有好奇心和关心，也就是刚才说的3C。对所有的事物要产生兴趣，社会既是我们活动生存的场所，也是各种学习的受体。通过学习和活动，建立起人与人、人与社会的广泛联系；通过广泛的联系，让学生关心世界上发生的事情，关心本身也就意味着学生参与整个社会生活。

朱小蔓：关心模式也是佐藤学教授的书中提到的，要把现在的学校教育模式转换到另一种模式，就是关心的模式，这个我非常赞同。我下面要说的就是，因为中国社会现在处在一个从比较不发达走向迅速发展的过程中，所以我们的教育对于社会流动和分层所起的作用明显要先于和优于教育对人内在素质培养的迫切性，在我们的很多学校里，在很多教师和家长的意识里，感觉最迫切的是使孩子能够取得通过显性的测试体现出来的好成绩，而进入高一级的学校，由此就产生了非常激烈的升学竞争，即应试竞争。这使我们的素质教育难以落实，所以不是仅仅用理想和理念就可以解决学校面临的这个矛盾的。怎么解决这个矛盾呢？我从您那里获得的启发是，我们需要重新认识我们究竟应该怎么学习。您主张从广而浅的知识内容走向少而深的知识内容，从个体独语式的学习方式走向对话合作型的学习方式，这样就使得学习内容本身是最精粹的、最必要的。当然，这个精粹、必要和杜威那个时代的古典人文主义的博雅教育不同，那时候主张多学人文知识、广博的知识，但是从杜威开始已经强调要调查研究，要学习参加社会活动，能够面对问题、解决问题。也就是说要用这样一种学习方式，通过解决问题，通过学最必要的知识，通过合作性学习和活动性学习，使得我们的学习是有效的，是负担轻而又有效率的。我个人认为，中国目前可以选择的道路是明朗的，否则我们无法面对那么多人要升学的压力。当然我们不可能放弃升学的愿望，但是我们应当通过最好的、最优化的学习方式提高学习效率，节省孩子的时间，帮助孩子创设安静、宁静的学习环境。学习应该是需要安静的，校园里应该保持一种节奏、一种宁静。当谈到这个问题的时候我想到，在我们中国南通地区，一百多年前出过一位实业家张謇，他曾说：凡教之道在于学，凡学之道在于静。我想这是我们中国几千年的传统文化和教育文化的代表性的提法和表述。佐藤学教授也主张学校的学习应当少而精，学校应当是安静的，应当是孩子们可以在此比较宽松地、内心宁静而不浮躁地、非常专注地学习，那样学习的效果是最好的。

佐藤学：东西方有两个不同的传统：西方的学习共同体主要是从中世纪的修道院开始的，宗教场所作为学习的场所；东方尤其是以中国为代表的五千年灿烂的文明，与亚洲其他国家的思想，构成了东方学习的哲学。我既学习了东方的哲学，也接触了西方的一些哲学。我感觉到无论是东方的哲学还是西方的哲学，都提到了学习活动本身最重要的是谦虚和虔诚。学习的成功与否取决于谦虚与虔诚的程度，学习并不只是自我表现，学生要学习，教师也要学习，而且要相互学习。而现在的学校很吵、很闹，学习很浮躁，缺少的正是虔诚和安静。

朱小蔓：我非常欣赏从东西方两种哲学的比较中提炼出来的共同的东西。我们中国人也讲究虚怀若谷，只有保有开放、空灵的精神状态，才可能学进去东西。有人说这个时代是一个知识爆炸的时代，知识增长很快，但增长的并不都是同种类型的知识。大量的知识是信息性的知识，甚至可以说只是信息而不是知识。即便是知识，也不一定是最基础的、最核心的、迁移能力活性最强的知识。作为学校这样的公共机构，应当帮助孩子学习最基础、最必要、最核心、最通用的知识。当然，大家对于通用性知识有不同的理解。刚才我说到，过去有博雅知识概念的通识教育，但是在现代，人们对通识教育已经逐渐地达成了共识。通识教育指的是社会性很强、融通性很强，而且能够和问题相连接的那些知识。今天不光是大学生要学习通识教育，在中小学也应当提倡通识教育，应当让孩子在活动的过程中、分享的过程中学会这种最容易和问题相连接的、最容易扩展应用的知识，所以应当帮助校长、教师和家长树立起这种新的学习观。我认为现在在中国，新的学习观还未普及，我们教育工作者应当为此做出很大的努力，使越来越多的人接受新的学习观。

佐藤学：对这一点我非常理解，我认为有两点非常值得我们注意：一是知识爆炸性地增加和不断变化。我们首先要理解知识的含义，而更重要的是我们不仅要掌握大量的知识和信息，更要懂得如何灵活运用知识。二是并不一定需要我们掌握大量的知识，而是要掌握知识与知识之间的相互联系，要具有编辑和组织知识的能力。现在知识确实增加得很快，我们究竟需要什么样的知识呢？理解知识是一种学习，这个固然重要，但是我觉得我们能运用这些知识做什么，即使用知识的能力是更重要的。并不是说知识的量越多，就代表你的学习成果越好，而是你掌握了编辑和重新构建知识结构的能力，这个变换能力更加重要。同时，我们可能有一些是要共同学习的知识，像共生共存的知识都需要在学校得到学习和培养。我们现在处在一个学习的社会，这就意味着要终身学习。我的名字叫佐藤学，就是"学习"的"学"，现在越来越觉得这个名字真不错。当时父亲给我起名字的时候，可能还没有认识到学习需要终身来实现，那时候的学习还只是在学校里进行，所以可能是希望我在学校要好好学习；而现在的学习可能是要伴随我终身的，所以我终身都会好好地、很虔诚地、很谦虚地不断学习。现在，需要培养年轻人认识到学习虽然是一个很费劲、很吃苦的差事，会有很多的困难，但是学习是有价值的，是对未来的投资，是和未来的快乐和幸福联系在一起的，是每个人走向未来社会的基础。学校首先要教给学生对学习的认识，而现在日本的教师恰恰在这一点上很欠缺。现在的教师教育制度没有培养出能够传授给孩子如何去认识学习的教师队伍。

朱小蔓：我们已经把话题延伸到教师了。教师对于能不能够促进孩子的学习是非常重要的角色。现在中国的教师队伍的情况是怎样的呢？中国是世界上教育人口最多的国家，也是教师队伍最庞大的国家，中国的教师培养体系从 1999 年开始发生了转折，主要体现在教师的学历要升高，要求考虑职前和职后一体化，把教师职业当作一个专业来追求。这几年，特别是随着新课程改革的推进，教师有很大的进步。他们在新课程改革的实践中体会怎么理解知识的传递，怎么理解知识的意义，怎么对待每一个学生。在这些方面，教师已经有很大的进步了，但是也还有很多不足。如果您要问我中国教师面临的最大的问题是什么，我会回答最大的问题是来自外部的压力，是生存竞争、生存压力。生存的竞争压力、升学的竞争压力太大，政府、社会、家长对教师的期望太高。家长都希望自己的孩子上大学，而现在我们的高考制度出于中国文化的原因，不可能在短期内进行根本的改革，所以中国教师除了一部分非常优秀、非常聪明的，能够处理好升学与发展学生兴趣爱好的关系以外，还有相当多的教师难以处理好这个矛盾。他要应付升学的竞争，就没有办法照顾孩子身心比较完整的发展，他也没有办法照顾班上所有的学生，他只能为一部分学生的升学而放弃相当一部分学生的兴趣。这可以说是中国教师现在面临的最大苦恼，其实他们自己也不愿意这样做，但是他们似乎还找不到出路。

佐藤学：我认为在中国这个问题尤其严重，也对此非常理解。一方面，中国家长对教育有着过多的期望，我并不认为这件事情完全不好，这可能正是教育发展的一个动力，不要过分否定，如何满足家长对教育的渴望与需求是我们需要考虑的一个问题。另一方面，如何建立未来社会平等发展的教育意识是我们需要解决的重要问题。不能以自己的发展来左右教育的方向，而要以民主主义的意识，建立未来社会的学习共同体。日本原来也面临着相同的问题，关键是我们如何由竞争的教育走向共生的教育。解决好竞争与共生的关系十分重要。学校的学习既是竞争又是共生的双重关系，就像一片树林，每一棵树都拼命向着阳光生长，处于竞争的关系；同时所有的树又是很好地共同生活和生长在树林当中，又是共生的关系。所以我就觉得，家长也好，社会也好，对这种竞争的渴望并不是一件坏事，正是由于竞争带来的社会地位的转变，才促进和推动了经济的发展和社会的进步。我们要处理好如何在竞争的社会当中，为学生打下一个比较平等的民主主义的思想根基，使他们意识到他们是共生的关系。我曾经讲过，学习是对未来的一种投入、一种投资，只要是竞争肯定会有人得到，有人失去，有人成功，有人失败，只有共生才是我们未来社会建立的一个基础。所以关键是要在我们目前的这种竞争社会当中，为学生、为学校的教育灌输一定的共同生存、和谐发展的理念。传播这个理念，奠定共生的基础是主要问题。

朱小蔓：我们的话题又转换到学校文化变革的问题上了。教师个体很难改变他现在的工作现状，但是如果学校的文化可以调整为共同体的文化的话，那么教师就能获得勇气和力量，并且教师就可以为学生提供这种不仅竞争，而且共生的环境。同前面说过的那样，如果我们的学生是比较简约而不是机械地重复，不用带着非常重的负担去学习的话，那么我们的孩子可以在时间上得到一定的解放。如果我们尊重每个孩子，那只要规定每个孩子完成必要知识的要求，所有的孩子都可以获得使自己的潜能得到发展的空间。这样，孩子都可以在这个环境里各取所需。为什么文化重要呢？我认为变革学校文化的目标就是变革到一种人与人之间相互平等尊重的、尊重每个人的所长而宽容别人所短的学校文化。在这种文化环境中，我相信教师也可以成长，学生也不会自暴自弃。正如您所说，学校改革的出路在于文化的改革，学校文化改革的出路在于首先从内部产生改变。学校文化改革当然需要外部的支持，但是首先要立足于内部的改变。

佐藤学：我一直认为，中国现在进行的一项很伟大的事业，就是一边发展市场经济，一边推进社会主义民主的进程。西方很多国家认为，这两者是有一定的矛盾的。比如说，市场经济注重能力和竞争，竞争就有失败、有成功；而民主主义的社会则推崇共存共生的发展，共同发展、共同提高这样的目标。这样带来的问题首先反映在教育上。教育如何解决这二者的重要分歧？教育是唯一的途径和手段。现在就全世界来看，不仅仅是中国有这种现象，其他国家也会一边注重市场经济，一边推进民主主义进程。尽管许多国家不是社会主义制度，但是这已经成了人们追求民主主义发展的一种态势。在这种由矛盾转变成共生的和平发展的未来的社会中，教师教育的作用是非常大的。因为只有教师可以教授学生，为未来社会培养最大的人力资源。教师的培养要靠教师教育，今后教师的教育不是靠大学的课程，靠修完学位完成的，而是靠终身的、职业化的学习体制。同时，建立教师教育的终身教育体制，还要提高教师的社会和经济地位。只有这样，才可以说教师是一个真正的教育专家。社会必须保证教师有这样一种身份，而这正是日本现在还没有解决的社会问题。

朱小蔓：我非常感谢您对中国现在进行的改革的这种正面评价，作为中国人，我感到很自豪。的确，中国政府想要处理这个矛盾，就要发展经济，要走市场经济的道路，但是我们也要坚持我们的社会主义，希望人们能平等地相处，同在蓝天下生活。

佐藤学：这是人类面临的共同的新挑战。

朱小蔓：能不能既发展经济让人民富起来，又让人民享有比较均衡的权利，包括物质上的和受教育的权利，这是一个难题，对中国社会和中国人是一个挑战。作为教育工作者，我们对这种挑战尤其敏感。刚才您有一句话让我非常感动，您说应该由教育来首先面对和解决这个矛盾，依赖教育培养出新的人，能够去创造那种可以让两种矛盾在一起共生化解的社会。培养这样的新人靠什么？靠教育。所以要想寻求出路，应当首先由教育来解决这个矛盾。

佐藤学：我觉得既发展经济又推进人民幸福不仅是中国的一项伟大事业，也是人类的共同追求。之所以说它是伟大的事业，是因为它是代表整个人类社会发展趋向的一种实践。作为一名教育工作者，我非常理解中国的教师肩负着怎样的重任，怎样处理既发展经济又推进民主进程这件事情。肩负这样的使命，希望每一位中国的教师把我当成你们的同志，我时时刻刻在为你们鼓劲和加油。我们的责任和担子是非常重的，希望你们憧憬未来，对未来社会有畅想和构想，为明确的目标而奋斗，也为自己肩负着这样一个使命而努力地工作。这是一项革命，是人类从未经历过的新的革命，是一个从内及外的静悄悄的革命。

朱小蔓：一段时期内，人们对教育有比较多的批评和指责，认为教育的问题很多，我曾经也觉得很迷茫、很困惑，不知道如何是好。我们做了那么多，有了那么大的发展，但是人们对教育的批评却越来越多。现在跟您交流，我有了一个新的想法，我觉得这个恰恰是人们对教育的一种期待。因为只有教育，或者说更多地依靠教育来培养人才，才可以解决这个难题，因为这个难题终究还是要靠人去破解，这是教育工作者很大的责任。我们再回到开始的第一个话题，就是您作为一位教育学者，有长期在教育职场的教学经历。今天的教育学并不完全像赫尔巴特或者康德时代的教育学，先把理论体系建构好。比如，赫尔巴特说他要用人类学来支持教育学，来发展孩子的道德；要用心理学来支持教育学，促进孩子的学习。把这个理论体系构架好，然后办示范学校，建立制度化的学校，再应用体系化的知识，但是今天我们光靠这样的教育学已经不够了，因为知识观在改变，学习观在改变，社会在改变。我们需要用一种新的教育学去帮助教师。那么新的教育学来源于哪里呢？我想新的教育学就是要突破把理论和应用理论作为两件事情的二元论的思维方式，不再是学者制造理论、创造理论，教师应用理论，而是学生和教师在一起，甚至和孩子们在一起，共同来创造这个新的教育学的理论。您的研究给了我很大的启示。

佐藤学：教育设计和创造未来社会，教育工作者是未来社会的设计者，是设计未来社会的工程师，我们要以这样的认识去从事教育和看待教育。今天令我非常感动的是，能够在"二战"结束 60 年后的今天，以一位日本学者的身份在这里，跟您一块儿探讨人类共同关心的一个很大的教育课题。今天在这里，我想起了很多中日历史上的那些恩恩怨怨，那些艰难痛苦的时代确实很多。但是今天我们为了探讨教育这个人类共同的、关系人类未来发展的重大课题坐到一起，很令人感动。我本人对于中央教育科学研究所能够向日本的学者发出邀请非常感动，还听说贵所邀请过日本很多其他学者，跟日本教育界的很多人有广泛的交流。能够和日本的学者和教育界进行这种真诚的沟通以及深层次的交流，令我非常感动。非常感谢你们给了我这样的机会。

朱小蔓：我也非常感谢您的坦诚和卓越的见解。您也很累、很疲劳了，我建议休息一会儿，稍后我就两个稍微具体一点、专门化的问题来讨教一下，就是关于教育的公共性，关于"私事性"和公共性的关系，从亲密圈走向公共圈有无可能。因为这个对于公民教育是否可以在东亚文化下发展起来，其实是一个很重要的基础理论，这是第一个问题。第二个问题我可能涉及我的主攻专业或者感兴趣的个体的精神发育。您在书里说，学习是人生旅途中根源性的营生，学习是整体性的，所以我一向认为道德学习和知识以及智力方面的学习，应当是整合而不是分离的。我自己多年的努力，一直追求一种整体性的学习，整合道德的学习和学科知识的学习，追求一种整合的效应，这样就使得学校德育工作和智育工作不再是分离的、无效和低效的。

朱小蔓：我们从学习的快乐说起。快乐是一种情感，我相信您也坚信人如果在学习中能获得愉悦的情感，学习就是有效的，而且学习过程中就能获得个体的自尊和自信。在我看来，个体的自尊和自信是一个人的道德或者德行品质赖以构成的一个基础。所以我想请您谈谈从学习的快乐如何走向道德，它跟道德是什么关系，它跟人的德行品格的建立是什么关系。

佐藤学：我有本书的名字叫《学习的快乐——走向对话》，这个名字本身有很大的挑战性。我不知道在汉语里"快乐"怎么讲，在日语里是带有一定的感官上快乐的意思，有很强烈的感官刺激的一种感觉，所以我把它叫作《学习的快乐——走向对话》，其实是有某种冒险和挑战意味的。为什么用这样的标题呢？因为快乐是学习的目的，也是追求幸福和学习的价值，也是要解决的问题。其实教育和学习一样，在日语里有其他理解，一说到学习和教育就使人联想到一种苦，一种为了将来的快乐而暂时地付出和暂时的痛苦。我想教育和学习活动本身就是一种幸福和快乐，改变对教育的这种先苦后乐的理解。学习本身的出发点是一种被动性接受行为，学习可能是对知识的接受，是对学校社会问题的承受，是对暂时的痛苦和苦恼的承受，对这些承受的忍耐和坚持可以带来身心的愉快，通过这些认识到学习的愉快。在日本 18 世纪的江户时代，字典里对学习的解释是，学习是对真实的研究，掌握真实或者诚实就是学习，所以学习活动是一种真诚的谦虚的行为。日语里有一个成语，大致意思是"越是成熟的稻谷越低下头"，那么学问越多的人也是越弯下腰的。所以一直以来，日本人认为学习本身就是一个很谦逊、谦虚的姿态。学问越高的人越虔诚、越谦虚、越虚心、越诚实、越默默无闻。同时，越是有学问的人，越是能够包容他人。所以说，有学问的人、爱学习的人是非常娴静的人，是具有很高忍耐力的英雄。我觉得这个学习和您所说的学习的快乐和道德的形成完全是一致的。然而，令我感到失望的是，日本的教育很长一段时间内忽视了这一点。关于对学习的理解，很多人致力于选择好的学校，以便学好的课程，找好的老师，而恰恰忽视了学生本身。

朱小蔓：所以我多年来一直在追求一种教育境界，即真正让孩子热爱学习，相信学习才是幸福成长的源泉，而且学习过程学到的是虚心，学到的是安静，学到的是专注，学到的是倾听，学到的是分享，学到的是合作，学习本身就能带来那么多让一个人道德品行成长的资源。如果我们这样理解学习，学习是快乐的事情，学习不再是负担，我们将再也不会像现在这样，把学习当作一件强迫孩子的差事。其实今天的学习就学习本身来说应该是快乐的，所以我一直认为，对年龄小的儿童来说，应当让他在学习中感到快乐，因为小孩子还不能理性地去忍受学习之苦，他还不具备那种意志。但是随着年龄的增长，孩子就应该像您所说的，能够忍耐和忍受并克服学习中的困难。学习其实是对自己的一种挑战，能够自我挑战本身就非常幸福，这是生命力量的一种表现，这样的学习的确是快乐的。所以我认为您用这个标题不是冒险，而是说出了真理。

佐藤学：对于学习来说，快乐和痛苦是相伴而来的，没有任何一种快乐是没有经历过痛苦的洗礼的。所以我们应该告诉孩子，学习本身既有痛苦，需要忍耐，也有幸福和快乐。同时这些幸福和痛苦，就是学习带给你的快乐。

朱小蔓：一位学者不应当把自己专攻的领域限制得太窄。我很高兴，我从情感教育的研究中发现，它其实和课程、学习、学校改革、教师、道德是可以相互连接的。所以我也很高兴，我能够从情感教育这样一个起点开始，走进了教育研究的广阔领域，今天能够以学习的快乐和我自己的专业——情感教育和情感德育来连接，讨论情感对人的帮助、情感教育的重要性以及道德学习和知识学习的统一性，所以越发觉得我们有很多共同话语。我很高兴，非常感谢您。

佐藤学：我有一个朋友，他现在担任斯坦福大学管理财团的总裁。他有一句话非常有意思，他说学习起源于惊恐。日本有一个游戏叫藏猫猫，就是古代的那种捉迷藏。如果你跟一个新生儿做那种游戏，捂上双眼，然后说"没有了，没有了"，他会很害怕、很惊恐。一开始你捂他的眼睛，给他做这种动作，他会吓一跳。但就是这样的新生儿，和他玩藏猫猫，第一次他会被吓到，可能会害怕。后来他可能也反反复复地做这个动作，也会呈现似乎有点震惊的动作和表情。但是你可以看得出来，他在等待你下一次再做这个动作，他在内心期盼着你，等着你下次重复这个动作。如果做时间长了，他习惯以后，就会迎合着你的节拍做出一定的反应。当你要蒙上眼睛的时候，他就会把身体向前倾，看着你。等你突然把手拿开的时候他会向后仰，甚至会配合你笑起来。这就是我们所说的把惊恐、恐惧转换成快乐的过程。

朱小蔓：而这个过程是在一个相互适应的关系中形成的，这种相互关系与个体学习的效果有很大的关系。

佐藤学：对于我们来说，不要害怕，不要惊恐，时刻保持一个开放的自己，时刻吸收从外面来的东西和知识，是很重要的过程。

最后还想说的是刚才我没有说完的话题。我一直认为中国在进行一项非常壮观和伟大的事业，也就是在发展经济的同时，推进社会主义民主的进程。这项事业不仅对中国，对整个世界都是有重要意义的，它决定人类社会未来的一种发展方向。如果说中国在这场实践当中是一个先行者，那么中国的实践会给世界和人类的发展带来决定性的重要作用，我衷心地祝愿中国的伟大事业取得成功，也期待着一个很好的结果。今天非常感谢朱所长，非常感谢大家，谢谢！

朱小蔓：谢谢您对中国人民的美好祝愿，谢谢。

为推进教育民主化竭诚探索

——佐藤学教授印象记

  佐藤学，一位致力于推进教育民主化并卓有成就的教育学者。我有幸在中央教育科学研究所与他两次会面、交流，请他给所里科研人员做学术演讲。在我见过的国外教育学者中，他是最专注于学校教育研究，最专注于学校教育改革研究的。他认为，"无论哪一个国家，学校教育总是浓缩了该国的一切社会与文化的元素"①。他说，改革与实验的时代，也是混乱与迷茫的时代。他本人经历了海外高度评价为"日本第一"的经济与教育发展"奇迹"时代，可他却说那是一个学生、教师和家长对学校感到绝望、对教师不信任，以逃学、欺凌、暴力事件为象征的学校危机现象急速扩大的时代。因此，学校必须改革。但他主张学校只能从内部进行改革，所谓"静悄悄的革命"，而且必

---

① [日]佐藤学：《课程与教师》，钟启泉译，1 页，北京，教育科学出版社，2003。

须以课堂改革为中心。尽管这看起来是绕道，但其实是近路。基于这样的认识，他成了一名真正的"行动研究者"。到 2002 年，他造访的学校（幼儿园、小学、初中、高中、特殊学校）已经累计超过 1500 所，所观察的教学案例超过 8500 项。教育学者造访学校，通常是去做演讲和咨询，而他恰恰相反，"从一线教师的工作中得到学习是我走访的目的"，"从课堂的事实中得到学习是我观察的目的"。他抱持这种信念坚持了 22 年。他说，"我对教育研究的思考与阐述，终于能够触及学生和教师直面的现实，无论在实践上、理论上更臻具体的反思性和熟虑性"①。

他尖锐地看到中国与当年日本相似的"压缩式现代化"造成的教育危机：过度紧张带来的应试竞争的弊端、划一教育所带来的创造性与个性的失落、死记硬背学习的弊端、逃学儿童的增加、逃避学习等深刻的社会现象。他大声疾呼：在日本和欧美各国正在发展的现实，是公立学校与家庭的崩溃，是少数人垄断财富和多数人贫困的扩大，是助长竞争和加剧教育不公平。他质疑，这样的学校教育能够支撑 21 世纪的社会吗？世界和平和民主主义能够在多大程度上实现？他深刻地洞见，这是当今时代的学校改革直面的重大课题。他确实是一位有深刻思想，又擅长做行动研究的杰出的教育学者。

2007 年，我有幸受他的邀请访问著名的东京大学教育学部，

---

① ［日］佐藤学：《学习的快乐——走向对话》，钟启泉译，序言，北京，教育科学出版社，2004。

他亲自主持我的演讲会。那天，他陪我用餐，领我去演讲地点，还把他的学生为我做的几幅讲座布告特别取下来，让我留作纪念。演讲会上，我就中国学校素质教育的推进与困难向听众介绍，回答提问。我越发感觉到压缩式现代化对教育的冲击，以及经济社会与教育之间的矛盾冲突。我俩坐在主席台上合作默契，我感觉到我们在学术信念上的契合，虽然我的研究远远做不到他那样深入细致。尽管教育改革那样艰难，我们仍然把希望寄托于教育，也一直倡议学校从内部改革的必要与紧迫。

从那以后，我们一直没有机会再见面。2012 年 10 月，在朱永新教授邀请我做演讲、由浙江宁波教育局及宁波效实中学举办的"新教育国际研讨会"上，我们再度重逢。会上我做了题为"新课程改革的文化透视"的主题演讲，他总结近几年在日本、新加坡、韩国等国开展教师学习共同体研究的学理剖析，比此前他的思想又有新的、更为细致的推进。他的敏锐、用功是极为突出的。更可贵的是，他对脱离实践的教育研究十分敏感且坚决反对。他对理论与实践关系的三种划分，尤其是"实践中的理论"如何获得，对一线工作的教师的专业成长特别有价值。那天晚上，我俩有机会又做了一次交流。他说，自己最近写作的一本新著将在中国出版，邀请我作序。他也爽快地答应我的邀请，访问我现在工作的北京师范大学教育学部教师教育研究所。

2013 年 9 月中旬，他如约来到北京师范大学为教育学人以及从校外慕名而来的师生做演讲。虽然他的多部著作已为听众所熟悉，但那个倾注他多年心血的"协同学习"模式，这次得以完整、清晰地展示，让大家得到极大的学术满足。那几天频繁地接触与互动，人们对佐藤教授之所以成为现在的"他"，有了更多的理解：他年轻时信仰马克思主义，他仔细研读过毛泽东的《矛盾论》，他曾积极参加"左"翼学生运动，他通读过德文版的马克思的《资本论》，读英文版杜威教育著作、法文版卢梭著作，还读俄文版列宁和维果斯基著作……这些既证明其天赋才华，也足见其勤奋刻苦。他那重视实践、善于行动的个人特征与人生经历深深地吸引着人们。

情感教育新视野

——与彼得·朗教授的对话

朱小蔓: 非常高兴今天坐在您的书房里和您一起讨论情感教育的话题。没想到在我们认识九年之后,我有机会来到英国,来到您的家里。您是以英国为主的欧洲一批国家所组成的情感教育共同体的创始人、倡导者,而我是以情感教育作为我的博士论文主题并将其作为我长期研究的领域。我们今天共同来讨论这个话题是很有意思的。

记得在 1996 年,我邀请您到南京师范大学,是因为我看到了您 1995 年 2 月应《华东师范大学学报》(教育科学版)特约写的关于情感教育的国际透视的论文,感到非常兴奋。一年后就有了我们在南京的会面,那是您第一次访问中国。我想知道您为什么会关注情感教育并对它产生浓厚兴趣,以至于您在后来的研究生涯中投身于情感教育?

彼得·朗: 首先我很高兴能够在我的书房跟您会面。实际上我根本没有想到我们能在英国、在我的书房见面,所以我也感到非常愉快。我本科时学了人类学以及其他学科。在英国没有什么大学是在本科开设情感教育专业或课程的，所以在本科期间我不可能做情感教育的研究主题，这种主题更多地是在研究生期间才有可能接触的。

朱小蔓：您为什么到了研究生阶段或者说后来做研究的学术生涯中，对情感教育而不是对其他产生兴趣？是因为英国教育中情感教育的缺失，是现实的需要，还是有什么样的理论背景呢？

彼得·朗：不完全是这样。在英国，情感教育这个概念更多的是圈子里面的一些人才使用的概念，你要是跟一般的老师说这个，他搞不懂你说的是什么东西。在这里，人们更多的是使用"精神关怀"这个概念。现在来说说我的博士论文。在英国申请博士学位有一个要求，首先，要写过八万字左右、具有共同主题的一些文章；其次，还要写一万字左右对本人以前研究的深化论证，才可以获得博士学位。我的研究主要集中在精神关怀方面，研究各个不同国家的精神关怀，我的博士论文就集中在这个领域。

朱小蔓：您在 1995 年的那篇代表性论文里给情感教育下了一个定义，我觉得很好。这个定义认为情感教育是教育过程的一部分，它关注学生的态度、情感、信念及情绪，包括关注学生的个人发展和社会发展以及他们的自尊；或者如法语中表述得更为确切的，指关注使每个学生能够感到身心愉悦，它还超越了学生个体，关注他们与他人关系的效果，因此人际关系和社交技能被认为是情感教育的核心。经过十年时间进一步地观察和研究，您对你们这个共同体所建立的情感教育的理解有什么新的变化？有没有什么新的调整和扩展？

彼得·朗：您刚才提到的情感教育的定义并不是我一个人提出来的。1994年在沃威克大学举行第一次欧洲情感教育协会会议时，十多个国家的与会人员共同商定了这个定义，应该说这个定义到目前变化不是很大。但是从情感教育的操作方法而不仅是定义上来说，情感教育可以分别从空间和时间两方面来看。从空间方面来说，第一个空间范围包含个人的领域，就是使个人身心愉悦，通过一些心理咨询工作或其他的一些教育活动，使个人感觉到愉悦；第二个空间范围是群体，指在群体关系方面，人与人的关系；第三个空间范围是整个学校，指学校的道德氛围，一种情感氛围。因此，从空间方面来说，情感教育可以从三个范围去做。从时间方面来说，情感教育可以从三个时段来理解。第一个时段是让学生在当下就感觉到很高兴，学习得很好。情感教育并不是考虑为了以后怎么样，而是为了学生当下的一种享用。第二个时段可以用年，如一年、两年来衡量，让学生一年或者几年都身心愉悦。第三个时段就是更加长期的、持续的时段。通过学校的情感教育，学生进入社会生活领域仍能够持续性地保持身心愉悦。

朱小蔓：由十几个国家组成的情感教育共同体是您首先倡导组织的吗？

彼得·朗：多多少少是我。毕竟第一次会议是在奥费斯弗德这个地方召开的。但是我所起的更多的是一种思想上和观念上的作用，实际上有相当多的人的合作，有大家的共性在其中。我可能更多地贡献了观念，操作上的推行更多的是靠其他一些人。比如，我知道从欧洲某一个协会可以申请到经费，但是经费的具体申请是另外一个人去做的。

朱小蔓：您刚才从时间和空间这两个大的维度上去谈情感教育的关怀面、关怀范围，我觉得给我一个新的感觉就是，我们所说的情感教育所追求的目的既有相同，也有文化差异。在我看来，你们的情感教育似乎是更加彻底的人道主义，是从关怀学生，一切都以学生的身心愉悦为目的，包括他自身的愉悦以及他和别人交往过程中所获得的自尊的愉悦，是以这个为核心的。

彼得·朗：我刚才讲的那两个维度可能也不完全是从个人的身心愉悦和享受上来理解情感教育。您刚才提到中国和英国、中国和西方的差异，我不知道中国对情感教育究竟是怎么理解的，所以才产生这种所谓的差异。实际上在英国也有这种情况，你在讲情感教育的时候，强调让学生愉快地享受，学生可能就不愿意学习了。所以在强调个人的学业成功和个人的愉快享受之间是有一定的争议的。有人认为，一个人的学习成果和社会性的发展，应该用他的学业成绩来证明；也有些人认为个人方面的发展应该用他个人的感受来证明。我不太关心这种争论。我的理解是，如果一个人感觉到舒服，感觉到愉快，那么就可以促进他的学习；评价一个人的学习也不应该仅仅用学业成绩来评价，还应该考虑其他方面。可能在中国也有类似问题。比如说中国的素质教育，大概也有这些矛盾。实际上家长、学校更多的是关心孩子的考试成绩，而不是身心愉快。

朱小蔓：说到这个，其实我当时以情感教育为选题，最直接的思想动机，就是感觉中国的学校教育对孩子的学业成就、认知发展的关注太多了。相反，它不大关心孩子在学习过程中的感受，孩子可能是焦虑的，可能是自卑的，可能是厌烦学习的，这些负性的情绪我们没有引起重视，这些负性的情绪会影响人的个性以及人的社会性的发展。所以我当时是希望通过研究如何克服这种负性情绪，把人的积极情感引发出来。现在我们愈发认识到，随着知识社会、知识时代的到来，需要重视学生对生活本身的意志和热情。因为它们是一个人持续成长最重要的动力。所以，也可以说情感教育很重要的一个方面是开发一个人终身的热情和意志。

彼得·朗：这样来说，我们双方的理解是很相近的。美国的戈尔曼写的《情商》那本书，提出有一种情感能力。在英国有一个网站，叫作 ANTI-DOTE。ANTIDOTE 的意思就是治愈、治好。把什么东西治疗好呢？他们的理解好像是社会出了问题，应该用这个东西把社会治疗好。这不仅是学校的问题，而且是整个社会方方面面的问题。这是整个社会生活的各个领域里的问题。这个网站主要是讲情感素质的。

朱小蔓：说到情感素质，我非常高兴您也用了这样一个概念，因为我的研究中核心概念就是情感素质。我的研究，无论从理论上还是在学校里做操作性模式的探索，都在致力于提高孩子的情感素质或情感品质。这个情感品质究竟是什么样的？我的理解是，先从早期的安全感、信任感以及信任的关系所结成的、所导致的人的自尊、自爱这样一些品质。这些品质不仅可以使人身心愉悦，而且它对孩子的学业成绩是有正向的推动作用的。不仅如此，它对人建立整个道德大厦也是起奠基作用的。因为我个人的专业领域不是在研究学科学习，而是道德方面的教育，也就是通常称的德育，所以我很自然地就把情感的发展和道德的发展联系在一起。我认为只有在安全的、信任的、相互关怀的人际关系中所培养出来的那种自尊、自我接纳、自我认同的情感，才是道德最重要、最可靠的基础。我想差异可能就在于，中国传统文化是一种浓厚的伦理文化，我们在这种文化的熏陶中会自觉不自觉地把我们的情感教育与道德教育密切地联系在一起。情感教育并不是从人的外部，人的个体生命的外部灌输情感教育教条，我希望情感教育建立在个体生命的自爱、自尊、自我接纳等积极的情感之上。以这种积极的情感作为道德教育、道德学习、道德成长的基石，而不是主要靠外部的灌输和命令。苏联著名的教育家苏霍姆林斯基一再说，人的情感是不能命令的，情感教育需要有利于情感发展的环境。

彼得·朗：看来我们有更多相同的地方。如果说有差异的话，可能主要是因为中国有儒家学说。儒家学说对教育、对学校的影响，尤其是对德育的影响特别大。我认为亚当·斯密有类似的思想，即不要太看重财富。他写作《国富论》，同时也写作《道德情操论》。（彼得·朗顺手拿出一本书）这本书就是谈孩子的社会性和情感发展，我认为是很好的一本书，这本书是对4～5岁的幼儿在启蒙阶段学习和发展的研究。英国政府从教育政策上提出重视儿童的社会性和情感的发展，认为要培养学生做一个自信的儿童，有独立精神的儿童，能够与别人共同学习、能够与家人一起合作、能够创造幸福、具有道德精神的儿童。

朱小蔓：刚才讲的这些对儿童发展的期待非常好。自信的儿童、独立自主的儿童、与别人合作的儿童、能够创造幸福的儿童，以及具有道德精神的儿童。中国在 2002 年开始在义务教育阶段新实施的品德课程中明确体现了这样的德育理念。

彼得·朗：中国和英国可能会有不同的问题。中国现在的问题，我的理解就是市场化趋向太重。我在上海了解到有一些学校，有学工学农的活动，这其实是很好的。但是通过问卷调查，实际上大概只有 10％的学生毕业以后愿意进工厂和做农民，90％的学生是愿意去赚大钱的。所以想到您前面所讲的自上而下的灌输性的德育，实际上对一个人的道德素质的成长作用不大。道德教育要靠培养学生自己独立、自主、自爱这样一些内在素质，促使他们自己从内在更稳定地发生一些变化。

朱小蔓：对，这正是我们这些做德育理论研究、做情感教育理论研究的人，现在试图探索和期望改变的中国学校教育中的一个现象。中国学校中的道德教育长期以来主要是自上而下的、以成人指导为主的，以成人作为真理的化身和权威，采取由外向内的方式。当然，经过改革开放，在与世界各国的交流中，我们也在学习借鉴。中国学校的情感教育在观念上和实践上有些调整，强调要启发人的内在自愿，要满足人正当的情感需求，要关心和发展人的自主性，包括创造性等。当然，这首先是在学术界和一部分教师中成为共识，要变为全社会更为广泛的、在学校里普遍能够实行的教育行动，还需要更多的努力。社会发展，尤其是精神文明的进步还是一个相比经济发展变化要更缓慢的过程。

彼得·朗：我认为中英两个国家可能问题都差不多。在英国最大的问题就是课表排得太满，学生课业方面的压力很大。比如在小学，我们现在主要是语言和素质方面的学习。至于其他一些学科，包括这一时期的情感和个人社会性的发展，不是很受重视。到了中学以后，各个学科的教师都不愿意把自己的学科放弃，不愿为了其他的学科牺牲自己的学科，所以最大的压力就是课表的压力。另外英国的教育还有一个趋向，即太看重内容，认为内容越多越好。我们也一样有很多的教育内容，防毒品的教育、性教育等，各种各样的教育。而对于学生学习的方式，是通过群体方式学习还是其他方式学习，对于教师的工作方式等却研究得不够，过分看重内容。

朱小蔓：这个情况跟我们非常相似，可能我们更严重些。因为我们是一个发展中国家，现在激烈的人力资源竞争、人才竞争驱动着学校的升学考试竞争愈演愈烈，在这样的情况下，我们要提倡发展情感、发展道德是相当吃力、相当困难的。我下面再问一个问题，那就是当你们谈精神关怀、谈情感教育的时候，你们认为精神关怀、情感教育与美德、品格发展究竟是一种什么样的内在关系，从理论上和实践上如何来解释这种关系？

彼得·朗：应该是既有区别又有联系的。精神关怀主要是关注一个人的精神状况，情感教育则主要是关注人的情绪感受。道德和情感是密切相关的，道德活动往往是以情感的方式进行的，而不能够以认知的方式来完成。

朱小蔓：这句话很关键。

彼得·朗：我认为通过发展认知去进行道德教育往往是没用的，道德往往是一个人的情感方面的投入，所以德育属于情感活动的一个领域。

朱小蔓：德育是情感教育中的领域。

彼得·朗：它们不是割裂的，而是密不可分的。我认为情感教育更多的是在前进之中来学习、来完成的。在英国，现在已不再用"美德"这个词。

朱小蔓："情感教育更多的是在前进之中来学习、来完成"，这是什么意思呢？

彼得·朗：情感教育不应该是仅仅将一些内容告诉学生，要他们这样做。学校教育应该创造一种让教师展现出他是如何关心学生的环境和气氛，展现出是如何尊重学生、如何尊重人的，那么学生在一种尊重性的关系中就会自我前进，就会找到自己的道德方向，然后自己会做出决定，形成新的想法，这就不是从外面给他一些东西。道德教育的成败取决于学生自己有愿望成为一个具备什么样素质的人。我想，这大概是中国和英国在道德教育的思想方法上的一种差异。我们倾向于学校创造一种情境，在这个情境当中，学生不知不觉地学会了自己的道德、找到了自己的道德。我们这里种族比较多，在多种族、多元化的社会里，很难拿出一些明确的、告诉人该怎么做的价值标准，所以学校教育就让学生通过观察、通过体会自己做决定。

朱小蔓：正是因为这样理解教育，所以你们格外地重视情境，格外地重视教师的素质。如果一个学校的环境好了，对孩子有着精神上的关怀，如果教师做到了尊重自己、尊重孩子，友好地对待孩子，那么孩子就可以从模仿中找到他们自己的方向。这样说来，学校道德教育更多的是取决于组织文化，取决于环境，取决于教师的素质，而不是从外部加以灌注。

彼得·朗：对于道德教育而言，教师应该更多聆听学生的声音。一名教师无论是从事数学、哲学还是社会学方面的学习，只要是将来成为教师的人，他们现在不能仅仅从专业的学科去学习，而应进行一种整体的学习。在英国，我们主张做教师一定要学习将来成为教师所特有的一些东西。

朱小蔓：听您说，现在英国的师范教育已经改变了之前的培养方式。50 年以前的师范教育主要是按学科设置、按学科来进行教育的。但是现在你们认为更应当从教师工作的整体特征出发，教师工作的专业性质决定了必须要考虑教师的培养方式。因为教师是在整体地发展学生，所以他的很多知识要整体性地进行学习。比如说情感教育，就要运用到各种知识，个人发展、社会性发展、情绪和情感发展，都可以变成师范生的基础课。

彼得·朗：目前，在英国也有一些人在专门研究德育。他们也会写德育方面的文章，但是他们对学生道德方面的影响是很小的。不像以前，学一门东西是从理论方面去掌握它。现在很少人去学诸如杜威的教育思想，很少有人去学这些理论体系了。更多的是学习实用性的内容，作为教师需要的那些内容，理论化的学习已经不多了。

朱小蔓：皮亚杰、维果斯基的理论在师范教育中也不像过去那么受重视了吗？

彼得·朗：对，包括心理学、社会学等各种学科，若干年前还会开这些课的，但是现在好像这些课也不多了。

朱小蔓：师范院校过去要开心理学、哲学，这些都是按学科来开课。根据您所说的，现在不大按学科来开课了。

彼得·朗：是的，现在已经改变这种状况了。学生比较喜欢现在的学习方式，觉得目前这种方式比较好。

朱小蔓：那么现在学校开什么课程呢？

彼得·朗：是这样的，比如我们教育学院，因为规模比较大，里面有很多专业，有培养将来当数学老师的，有当戏剧老师的，也有像我们这样教育专业的，各种各样的学科都有，但师范生的基础课是一样的。我们现在对师资进行培养的时候，不是去关注一种理论体系的东西，而是看在课堂教学当中教师需要什么东西。所以像维果斯基、皮亚杰或者杜威，这些人的教育思想我们还是要学。为什么要学？那是因为维果斯基的最近发展区理论与课堂教学是直接相关的，所以我们就学他那些东西。学习皮亚杰的理论也是这样，因为他有些理论直接跟课堂教学有关系。

朱小蔓：也就是说，不再是为学理论体系，为了一定要完整地学那个体系而学习，而是为做教师在课堂里需要、有用的才学，学习是为课堂教学服务的。

彼得·朗：现在我们教师培训的课程，是对应于学校里面开设的课程的。学校里面开设什么课程就学什么课程。比如培养小学教师，我们不是让他们直接学心理学，因为他们不教这个课。现在教师的培训场所由大学转向了学校自身，也就是校本培训。三分之二的时间是通过校本培训进行教师的培养，三分之一的时间放在大学里面做。一位教师是不是合格，并不是由在大学里的学习来决定的，并不是大学毕业了就合格了，是不是有资格做教师是由学校来决定的。

朱小蔓：这是教师教育观念和方法的重大调整与改变。您说的这种办法对于职后培训，我是完全理解和赞成的。但是职前教育、对职前教师的培养方面呢？小学教师和中学教师的职前培训是什么样的体系呢？时间关系，这次不能请您详谈了，以后还要专门与您再探讨一次。我们先把情感教育话题说下去。关于情感教育，你们现在是 3 岁的孩子进入学前班，从 3 岁一直到 16 岁不同年龄孩子的情感教育，在内容及方法的设计上、在目标的追求上有哪些不同？

彼得·朗：不同年级的学习方式当然是不一样的。从内容方面来说，总体上是帮助孩子如何学会自立。从小学到中学，孩子有个过渡阶段，学校主要帮助学生很好地完成这个过渡。从小学毕业上了中学的孩子，学校要他们回到原来就读的小学，给学弟学妹们讲一讲中学生活是怎么样的，不用担心，等等。一般来说，在小学里面可能更多的是跟教师接触，教师是主要的一个影响源。虽然中学教师也有影响，但是相比小学阶段，影响要小很多。在小学，学生可能主要就跟两三位老师接触，接触的时间很多，但是教师的数量并不多。到了中学以后，教师更多把学生看成一个成人对待，学生跟成人一样，接触教师的数量也多了，这是一个重要区别。在中小学教师情感教育的内容方面，中学生面临的情感方面的问题与小学生有很多的不同。

朱小蔓：下面我们再讨论最后两个问题。一个是实践情感教育这么多年，我们总是会碰到一个难题，即关于情感发展和情感教育的评价。人家都会问：情感教育怎么评价？没有办法评价。我在南京师范大学时曾问过，记得您当时说在英国人们从来不问这个问题。但是现在我还是要问，您怎么来区分一个学校情感教育做得相对好还是不好，您怎么判断一个孩子的情感发展是好还是不好？

彼得·朗：这是一个很难的问题。如果说要有一种评价的话，它可能主要是通过问卷，通过访谈学生的内心感受。实际上，在很多教学过程的评价当中你就可以观察得到。学生的行为表现，我们是可以观察得出来的。比如说，看看这个学生愿意跟谁交往，愿意跟谁做朋友，能够跟多少孩子交朋友，等等，这些通过平时的观察就可以发现。这是通过外显行为表现出来的东西，它可以通过一些指标来评量。还有一些更加内在的、道德方面的东西比较难评量。我们做过一个实验，实验后看看孩子返回教室里是不是行为变好了。因为做这件事会有一些愉快的体验，看一看经过愉快的体验后是不是有些变化。这是通过比较来观察孩子，发现他们前后的不同。

朱小蔓：也就是看看通过活动训练培养以后，学生的情感有什么不同。这主要还是通过观察。那些可以通过行为来观察的东西某种程度上是可测的，但是那些没有办法用行为来观察的，确实很难评价。

彼得·朗：是的。

朱小蔓：很难立刻评价，但是经过较长时间的一个过程，应该还是可以看出一个人发展的趋势、趋向，发展的程度、特征。有些内隐的东西需要经过一个过程才能表现出来。最后还要讨论一个问题。您倡导了这么多年的情感教育，现在你们这个共同体还在活动，这个组织都有些什么人？是有理论背景的，还是中小学的教师？他们对情感教育为什么抱有兴趣？您对这个组织长期存在下去是否抱乐观的态度？它的发展前景如何？

彼得·朗：这个组织中更多的是大学的理论研究者。因为大学的教授、研究人员有一定的经费，时间也比较宽裕。当然也有少量来自一线的中小学教师，比如说葡萄牙的。葡萄牙的情感教育做得比较好。我们每次活动会组织一些小组研讨，有现场观摩活动，然后进行评价性的讨论。现在这个协会运行有些困难。如要两年举行一次会议，很大的问题是费用的问题。这些活动对大学教师来说稍微好一点，而对于中小学教师来说，他们完全是自费，这就比较难了。至于您问到他们为什么会来参加这些活动，为什么有兴趣，我认为可能各人的理由不太一样。比较多的是因为他们参与过情感教育的实际活动，有些体会，有这么一个协会，他们就一起来参加。比如说，现在我们就容易形成一个公民教育的协会，因为大家都在做这件事情。至于以后的前景这很难说。

朱小蔓：我很有兴趣在您带领下去看了一所学校的"圆圈时间"活动，在英国情感教育实践中很流行这种活动，您在这个模式的创造和推广中起了什么样的作用？我感觉您现在好像对理论不太感兴趣，更愿意到学校里去看一些实践活动，与中小学教师联系，是这样吗？

彼得·朗：我现在已经退休了，完全可以什么都不做。我做所有这些事情完全是出于兴趣。我还在带着研究生，指导他们做论文。我在葡萄牙也指导一些老师，尽我所能做一些事。我主要给中小学做一些培训，教他们一些情感教育方面的做法。将来沃威克大学如果有了我这个方向的全职教师，我有可能就不工作了。

朱小蔓：是啊，因为您现在毕竟还是情感教育这个方向唯一的教授和导师，如果今后有继承人就可能不做了。您把这些年的学术生涯都献给情感教育研究了。我看您和中小学教师也相处得很好，指导中小学的活动。您的博士生吴玲告诉我，虽然您年龄比较大了，很难再直接去做研究，但是您会密切关注中小学教师做的东西，对他们的实践有发现、有提炼、有总结、有提升。这就是您作为理论工作者、一位大学教授所起的作用和贡献。虽然我们来自不同的国家，是在不同的文化背景下工作的学者，但是我们都对人的情感发展有着同样浓厚的兴趣和同样的热情。我觉得我们彼此相通。人与人能够精神相通的那种感觉非常美好，非常令人高兴。

彼得·朗：我也有同感。谢谢。

他变成了一位特别喜欢带
中国学生的英国老师
——彼得·朗教授印象记

　　最早知道彼得·朗这位英国学者，是 1995 年看到《华东师范大学学报（教育科学版）》上刊载他写的《国际情感教育透视》一文的翻译稿，当时的心情是惊异、兴奋，是知音之感，是相识恨晚。

　　那一段时期是我从莫斯科大学访学回来后，跃跃欲试、摩拳擦掌，想在情感教育的学术领域大干一番的时期。

　　我终于联系上他，邀请他到中国、到南京访问。1996 年 4 月，他的第一次中国之行还真让我们费了不少心。抵达前的一段时期，我们不断接到他的来信，询问许多让我们好笑的问题。当时，他对陌生的中国还是有很多误解的。

　　他在南京师范大学举办的情感教育学术研讨会上介绍欧洲情感教育共同体的研究，介绍英国的情感教育研究。我们获得了比他发表在中国杂志上的内容更多、更系统的欧洲情感教育概貌。我请他到我进行情感教育实验的学校考察，包括南京琅琊路小学、无锡师范附属小学和五爱小学、丹阳师范学校附属小学。他和我们一起听课、评课。在我们一起观摩课的那几天里，我突然有一种感觉：我们的情感教育与欧洲情感教育的区别渐渐清晰起来。共同的是，我们都关注孩子在认知发展、认知表现方面的状况，我们都希望孩子表现和体验到更积极的情感。但我们关注的情感品种不尽相同，他们主要关心孩子是否快乐，而我们关心的不仅是快乐，还有更多美善的诉求；而且，我们的教育方式，在他看来也很"中国式"。在彼得·朗到来之前，我自己并没有发现我们的"中国味"，而当我们一起坐在课堂里的时候，我的这种感觉增强和明晰起来。显然，"中国式"的情感教育在理念上是追求情感整全发育的，即真善美无所不包，其中道德标准是根本的。而且，我们的教育方式更多是成人设计的，学生的活动是在教师掌控下的，更多地依靠情绪、情感的感染、熏陶完成情感与道德教化使命。相比之下，欧洲的情感教育更多地顺应儿童，遵循自然主义的线路，满足个人的需要；我们的情感教育则更多地走自上而下的线路，引导儿童走向我们希望实现的目标。那一个星期的共同活动对我的触动是，我需要在东西方文化的比较下重新思考我们的情感教育如何走出传统教育的藩篱，反思我们的教育理念与模式。

那次交往之后，中国的情感教育学术研究与实践探索进入了他和他的欧洲情感教育研究共同体的视野。他密切关注我们的工作，他让来自中国台湾地区的研究生将我的《情感教育论纲》翻译成英文，供他和他的研究生参考。这些信息陆续传来，对我 20 世纪 90 年代中后期进行情感教育研究的兴趣和钻研热情是莫大的激励。

2005 年 4 月下旬，我先只身一人去莫斯科参加当年的俄罗斯教科院院士大会，而后，由刘次林博士陪我去英国访问。除了完成与英国布里斯托大学合作项目的公务，我们有机会去华威大学拜访彼得·朗。

他住在离学校很远的郊区，自己驾着车来接我们，之后又每天开车带我们参加一项项活动。我们有机会到他家里做客，品尝他的烹饪；与他做长时间的学术对话，欣赏他的书房和藏书。最有趣的是他把他的中国学生召集起来为我们做中餐招待我们。我们听着一大群中国年轻人对彼得·朗的赞誉。在他们眼里，英国大学老师谁也没有他像中国老师，关怀、和善、管的事多，课间总带着好吃的小点心，怕孩子们肚子饿了或嘴馋。那个时刻我也毫不客气地揭了一回老底，"你们喜欢的彼得·朗老师当年对中国有很多误解"，"是我们把他变成了一位最喜欢中国学生的老师"。

1996 年我初次悟出的中国与欧洲情感教育的差异，在 2005 年的英国实地考察中终于有了"眼见为实"的感觉。一所基础学校里进行的"圆圈时间"活动集中代表了他们的情感教育理念：从形式到内容无不意在体现平等、平和、自然的氛围，一切为了孩子获得正面的感受。回国后，我把它提炼为国外情感教育的主要模式之一，放进了我新版的《情感教育论纲》中。

时隔三年之后的 2008 年，彼得·朗不远万里来北京参加由人民出版社出版的新版《情感教育论纲》首发式暨情感教育国际研讨会，我们共同的话题依然是：为什么正面、积极的情绪情感体验对儿童、少年时期特别重要？就情感教育而言，需要怎样的教师？欧洲与中国的情感教育有怎样的文化差异，如何相互借鉴？

北京会议一结束，彼得·朗和他的外国同人便随我一起连夜乘火车赶到江苏南通参加李吉林老师"情境教育国际研讨会"。他像一个老顽童活跃在李老师与孩子们演出的童话剧情境中，体验着他一直追求、向往的教育活动中产生的快乐感、幸福感。

彼得·朗和我都已年岁不轻，我们不知道自己还能否做出更深入的研究，但这些经历伴随我们的美好念想已经像种子播撒在教育的田地中，自有年轻人会继续耕耘、收割、再播种……

提高道德教育研究水平是
复杂但极有意义的工作
——与莫妮卡·泰勒的对话

朱小蔓：您几十年来致力于做道德教育的专业杂志，可以说您全部的心血、全部的生活都与《道德教育杂志》联系在一起。

我还记得 2001 年您在南京师范大学参加道德教育国际研讨会，在会议结束的时候，您说自己一辈子都梦想有一个自己的道德教育研究所，没有想到在中国看到了这样的研究机构。当时我听到您的这番话非常感动。所以我想首先同您讨论这样一个问题，就是几十年来您一直做杂志的主编，您认为这几十年来道德教育研究的主题主要集中在哪些方面，这些年来又有些什么变化？

莫妮卡：我们这个杂志每年出版四期，其中有一期是专刊，即就一个主题做一个专刊。

这本期刊在全世界 50 多个国家发行。这是英语世界唯一一本关心道德教育和道德教育发展的期刊。这本期刊反映跨学科的研究，里面的一些文章涉及哲学、心理学、社会学，当然也包括教育学的领域。1971年它创办于英国，当时发行主要限于英国国内。当时创立这个期刊的人主要是跟人文学科有关系的。英国有宗教教育的传统，当时道德教育主要是包含在宗教教育里面。所以起初，杂志里面的文章主要是关于宗教教育方面的。杂志的文章涉及面比较广，但主要是关于学生教育的，是对4～18岁孩子的教育，大学生和成人的教育反映得比较少。我本人是1976年接手做编辑的，我接手以后来源于美国的文章渐渐多了，这是因为当时有个编辑跟美国有一些联系。这个杂志刚开始创刊时是英国的，然后它面向大西洋地区国家，美国和加拿大的一些编委加入进来，到20世纪80年代中期开始走向国际化。当时北美有一个道德教育协会，我们的杂志1985年参加了这个协会，我后来做了这个协会的主席三年。我在这个协会里是唯一一个非北美国家的主席，因为有这么一段经历，所以杂志跟北美有了更密切的联系。

20世纪80年代末，我们到日本参加一个会议，开始关注日本的道德教育，并刊载了日本道德教育方面的一些文章。在我们做中国道德教育专刊之前，曾有过评论性、综述性的文章，反映亚洲一些国家，比如中国、日本或者其他国家的道德教育状况。

有很多人开始投稿，我们经过精挑细选，大概有20％能够录用。如果回顾一下刚开始时的文章，就会发现我们现在的文章水平已经大大提高了。这些文章涉及面是很宽泛的，有哲学、教育学、心理学、社会学理论的，也有经验的，还有操作策略方面的一些论文。

朱小蔓：刚才您简要地回顾了创刊以来的历史，认为回过头看，道德教育研究的水平大大提高了。那您认为提高表现在什么地方呢？是从方法学的意义上说研究的方法越来越精细了，还是人们进行道德教育的经验越来越丰富了呢？

莫妮卡：道德教育研究水平的提高是一种整体性的提高，既包括研究方式方面，也表现为讨论的水平、研究质量等方面。道德教育很古老，从孔子等人算起都是讲道德教育的，但是它作为一个学科应该说是比较新的，最近几十年发展更明显一些。比如，伦敦大学教育学院，它有三百年的历史，比较古老，但实际上它最近这三十年发展得更快，因为最近这几十年知识和信息资源大大增长了，所以道德教育最近几十年来也提高了专业化水平。

朱小蔓：的确，这些年知识更新的速度越来越快，研究方法越来越多样，研究队伍整体的专业化素质也越来越高。人们追求比较精细的研究，不再像过去。过去的研究主要是感悟式的、思辨的，现在的研究越来越精细化、专业化。我同意您的判断。但是这里有一个比较奇怪的现象，就是道德教育研究的水平提高了，但是人类的道德水平并没有明显的进步，甚至道德状况令人相当忧虑，您怎么看这个问题？

莫妮卡：从我们自己人生的历程来看，从不同的国家的发展状况来看，社会生活一直在发展变化，以往的生活可能更具有制度化特征，按照既定的时间做事情，比如吃饭是有规定时间的，并且家庭成员生活在一起的时间也多，母亲不用上班，即使上班，回来也和孩子待在一起。可是如今，传统的家庭生活基本上瓦解了，父母外出上班，家庭成员在一起生活的时间少得多，母亲也参加工作，这些社会变化会影响我们的家庭生活，造就一种不一样的道德氛围。再比如，现在生活节奏加快了，我们工作更卖力，同时盼望着更多的休闲，总是想休息；在对儿童的期望方面，我们也期望现在的儿童更加具有独立性。现代化的社会和媒介使儿童的生活世界不再局限于自己的家庭生活。我小时候可以自己坐车，到几英里外去上学，但是今天做父母的如果再让自己的小孩子这样上学的话就被认为不负责任。这些现象表明社会生活方式的变化，造成完全新的、完全不一样的道德氛围。

朱小蔓：这种不一样的社会氛围使我们今天的道德教育要应对很多新的问题。那么究竟是我们对道德这个概念本身，对什么是道德，什么是非道德和不道德要重新认识呢，还是说有一些应当坚持的道德标准今天已经不再适用了，这里面的情况是很复杂的。我们不能简单地说今天道德教育水平下降了，但是有时候我们又常常忧虑今天的人确实没有过去的人那么诚实、淳朴、善良、愿意帮助别人。今天我们究竟该怎样来评估人类的道德教育、道德发展的水平呢？作为一个做了三十年道德教育杂志的主编，您对人类道德教育的前景乐观吗？

莫妮卡：我们只能够从我们自己的经验来说这个问题了。

要对一个社会的道德状况做出判断很难，因为会有不同的证据指向同一个问题，这很难做出一个一般性的结论。比如诚实这种品质，在过去，社会的道德规范、行为规范都要求人们诚实，它的力量很强大，不同职业、身份的人，他们对这个问题会有一些共识。但是今天，人们的态度和价值观都不一样，是有分歧的。而且不同文化、不同工作经历，甚至不同阶层的人对这些道德观念的看法不一样，这使得教师处理多元的、多样式的价值观有很大困难。

朱小蔓：是的，以前对道德规范、规则，对道德激励、道德榜样，人们的看法是比较一致的。我们现在虽然也讲有共同的价值观和道德规范，但是学校与家长、社会以及媒体指向的方向往往不一致，所以形不成整体的力量。拳头的力量就很微弱，互相抵消，因此教育的力量就很微弱了。

莫妮卡：我有时候想，道德更多的是价值观的问题。我们往往很难说这个价值观比那个价值观好。比如说自主就一定比服从更好吗？离开具体条件是很难说的。

朱小蔓：是的，它没有绝对的标准，没有绝对的好坏，在某一种结构中自主性可能更好。在另一种结构中服从性可能更好。对某一个人、某种具体的情况来说，可能需要多一点服从，这种锻炼有助于他的发展；但对另一个个体来说，可能培养自主性对他更好，这是不一样的。

莫妮卡：所以，关键是道德影响的力量要一致。不管我们接受的是什么价值观，如果影响一致，这总比没有价值的要求更好一些。

朱小蔓：这个问题讨论起来很有意思。过去比较多地把道德看成一种整体的力量对个体的要求，现在的社会更加重视个人的发展，而每个人都是不一样的，每个生命都是不一样的，每个人在什么样的结构中生存、生活，道德发展的可能性、道德形态也是不一样的。所以我们很难判定某一种标准或价值对个体究竟是好还是坏。我认为不能从总体上说道德水平下降了，应当说人类的道德文明变得更加丰富、更加具体、更加复杂多样了。人类总体的道德状况更复杂了，更具有个人性，更具有多样性。不能用好和坏来评价，只是因为过去的社会比较单一，现在的社会比较复杂。

莫妮卡：过去是比较简单一些。

朱小蔓：但是同时我们又认为，既然人类要在一种比较好的秩序中生活，大家还是要接受一些可以互相共享的价值观。在您的重要文章《价值观教育与教育中的价值观》里，就谈到一个社会是否存在核心价值观、共同价值观和共享价值观，以及哪一种价值观应当成为一个多元社会中道德教育的基础。您说，对此存在不同的争论。

莫妮卡：是的。我认为，"共享的价值观"这个概念很重要，因为它表现了一种积极的所有关系。

朱小蔓：我对这点不是很理解，它指的是什么？

莫妮卡：像讲真话和遵守法律规则这类价值观在原则上显然是广泛共享的，否则，社会就会停止发挥作用了。但是，在解释诸如诚实和公平这类共同价值观时就出现了困难。虽然价值观可以共享，但它们的来源（包括宗教的或世俗的）却是不同的。对这些来源的权威性，不同的人有不同的侧重，而这样有时又会导致价值观冲突。

朱小蔓：那该怎么处理呢？

莫妮卡：在一个多元的社会中，对观点的多元性和多样性的接受应当是共享的价值观中最重要的。对价值观及其解释，人们不可能有普遍一致的看法，但最重要的是评价的过程应当是共享的，基本的问题应当尽可能地得到赏识和澄清。

朱小蔓：我赞成您的这一说法，尽管我还需要再琢磨，因为这对我原有的知识系统来说是新的东西，我需要一个消化的过程。

莫妮卡：我们生活在一个价值多元的社会中，而不是一个毫无价值或被相对主义支配的社会中。教育被看作社会的价值观发展的核心。

朱小蔓：是啊，教育，尤其是学校教育被赋予很大的责任和期待，认为核心价值观、共享价值观需要通过比较有效的教育方式传递给儿童。

莫妮卡：确实是这样。在这个社会里面大家有一些共同的、应当共享的价值观。并且有时形式比内容好像更有意义。你的行为方式本身就表明了你的价值观，通过你的行为就能够表现出一些内容性的东西。

朱小蔓：我在自己的一篇有关道德价值观教育的论文中引

述了您的观点。的确，有时候，形式、方法和过程比内容更加重要。道德教育的基本内容似乎并不是很多，可能最集中的就那么几个永恒或者说比较恒定的主题，但是教育采用什么过程、用什么方式，也许比内容本身更重要。

莫妮卡：的确是这样的。因为你的行为方式、对别人的态度更能够表现你的内在素质。道德的内容其实是比较少、比较抽象的，但是它从内容转化到形式，就意味着要建立起有利于人际行为方式的一种文化、一种社会文化。

朱小蔓：这个看法是很深刻而有意味的。

莫妮卡：课堂里有很多道德教育材料，但这些材料如何才能运用得成功，它取决于我们的学习环境，比如说人际关系、师生关系。如果这些关系没处理好，氛围很差，那么这些道德材料就不能起什么作用，因为环境影响着学生学习道德时的接受程度。

朱小蔓：这一点非常重要。我们现在常常抱怨道德教育的效果不理想，为什么不理想呢？我们往往只从道德教育的材料和内容上去找原因，其实那些内容在某种意义上说并不一定那么重要。教育和教学活动中有许多内容过去可能也有，现在也还是那些内容，当然，它会随着时代变化具体化、情境化。问题在于用什么方式来呈现、来进行这些内容的传递。方法体现你的教育观念、价值态度。还有一个因素就是师生关系本身是不是真诚的。如果没有这些条件，无论我们怎样改变道德教育课程的内容，其效果都不会很理想。因为人们学道德并不只是简单地记住内容，还需要把这些内容变为经常性的行为方式，变成日常的对待事物的态度。您刚才讲的这个观点其实是一个很深刻的哲学问题，就是说应该建立有利于道德生活方式的一种文化，如果我们不在一种有道德的文化中学道德，而仅仅依靠课程中的内容去学道德，那显然是无济于事的。我们常常把道德教育看成既定的成规，或者以为道德就是要人服从或听命于某种约束，这种外在的强制并不能自然地变成个人在生活中应对事情的态度。

莫妮卡：教与学的过程是一个价值过程。除了某些特定的内容和环境条件，应该说所有的教学都是与价值观相连的。教师与学校想传递给学生的价值观念，事实上都蕴含在教师的日常生活实践中。教师态度和行为上的波动以及不连续性，学生是很容易看出来的。学生会评价教师的教学特点和教学态度：教师是否愿意去倾听学生的心声，是否愿意以关爱之心、同情之心回应学生的要求，是否愿意向学生传授学习经验，和他们一起面对并解决问题，等等，这些都非常重要。而且，学校应当设法使学生所获得的价值观教育的经验保持一个过程的连续性。

朱小蔓：这个要求对教师来说是很高的。尤其在中国的学校，班额往往很大，教师照顾不过来。当然，教师本身在这方面的意识也很欠缺，带班的连续性也不够。让学校对这一连续性加以保持就更难以想象了。

莫妮卡：教师应该把握好每天教学过程中可以对学生进行

价值观教育的机会。还有，师生间的对话是很重要的。教师可以组织一些讨论会，让学生畅所欲言，教师根据学生的问题做出相应回答，给学生提供培养创造力和责任感的机会。

朱小蔓：您这些想法都非常好。因为工作性质与范围的原因，您在谈论价值观教育的话题时，总是不仅有深刻的思想观点，也有很具体的操作建议。下面，我想转换一个话题。我想知道您做了这么多年主编，编发了无数文章，您认为，或者说您发现哪些最重要的道德教育经验是您最推崇的？特别是面对现代社会的许多道德难题，您觉得有哪些比较有效的、比较好的经验值得推荐给我们？包括课程和道德教育的具体方法。您刚才说在您的刊物里有一部分内容是反映各个国家的道德教育经验的，在您看来主要的经验是什么？您可以分分类，从类型上说一说吗？

莫妮卡：采用道德推理的经验比较多，我们发表过一些文章，但是针对道德情感领域的不是很多。当然，如今对情感教育有兴趣的人好像越来越多了。我们现在正在给儿童做一种方式的教育，正好可以讨论一下，虽然这不一定涉及情感问题。我们需要教会孩子学会倾听和表达自己，让他们知道别人也会有不同的想法、不同的观念。您可能听说过"圆圈时间"活动，这种活动实际上是一种情感交流，如果教师很聪明的话，他能很好地利用这种形式。因为这时学生讨论起来往往气氛更宽松、更自由，学生更容易表达自己的观点，也更容易倾听和接受别人的观点。所以围圆圈不只是形式上要求学生坐成一个圈，更重要的是它是一种教学的结构，看教师如何利用这个结构使现场变成一种很自由的环境。

朱小蔓：关于教学结构这个概念，您那篇文章里也提了，我的一篇论文里也引用了您的那句话，就是要注意教学的结构，因为结构的改变会改变教学的效果。您认为，价值观教育的严肃性要求教学课程是有时间表的，价值观教育应该是有层次地安排进时间表的。这就是说，价值观教育是很专业的事情，需要专业的教师来做。

莫妮卡：实际上我们很多研究者并不真正懂得一个人是如何学习道德的。评价一个人到底学会了还是没学会、学到多少其实是很难的，教师往往凭感觉找出一些要素。比如，教师可能会以为学生通过教学就变得更敢于表达，更乐意与人交往，其实这不是很科学的评价。关于道德教育的评价研究，现在世界上对这个问题的研究资助很少。结构的变化对一个人学习道德是如何起作用的，起到多大的作用，我觉得道德教育的评价问题应当是很重要的研究主题。

朱小蔓：我们谈到了一个关键的难题，或者是制约我们现在评价衡量道德教育成效的一个难题。我几乎在做道德教育的所有演讲时，都会有教师问我究竟怎么评价道德教育的效果。我们不能没有评价，如果没有评价体系，我们就不能去评估一个学校，也不能评估教师的工作，但是我们一做评价，马上就使这个评价体系异化了。

莫妮卡：你们在德育评价方面做了一些事情吗？

朱小蔓：我们是做了一些事情，但是很不满意。比如说我们的评价体系调整得比过去复杂一些了，而且评价的主体多元了，不仅是教师评价学生，还有学生评价学生，家长评价学生，不仅要评价结果，而且要评价过程。国家的政策也已经明确地提出上面这些要求，也有不少学校创造了好的经验，但仍然不能解决深层次的问题。因为道德不一定全部是外显出来的东西，内隐的东西很难测查，尤其是在短时间内测查。不知道在您这个《道德教育杂志》主编的视野里，有没有哪个国家关于道德教育的评价做得相对好一点的？

莫妮卡：这方面很少。威尔森写了一本关于道德评价方面的书，还是在三十年前，那是一本理论方面的著作。他从道德上受过教育的人身上找出一些要素。大约也是在三十年前，那时有一个研究道德评价的协会，他们在学校里面做过一些道德评价的实践。但是这是个敏感的问题，并且是一种讲不清的难题。所以很多人认为，一个人的道德性更多的是个人的问题。社会总是需要，也存在着一些道德规范，但实际上每个人总是既适应又试图改变某些道德规范，以实现自己的便利。并且规则经常是一种伴随着解释的东西，它与如何解释有关，很难说是完全客观的东西。所以，规则也并不是非常清晰、不能做多元解释的。在中国可能道德的多元性还不是很明显，而在西方，在英国，多元化是非常明显的。离这里（伦敦大学教育学院）不远的地方住了一些穆斯林，他们跟我们有着完全不一样的生活方式。不过，不管怎么多元，还是有某些共同的社会规范，不管是哪一个民族都应该遵从的。可是实际上真正操作起来也很难，因为人们总是出于某种考虑，对他应该认同的社会规范做出自己的理解。在英国，多元文化在当前来说最明显地体现在选举上。在选举日里，每个人对于民族、种族问题的不同态度都会凸显。我们有一套反对种族歧视、种族区别或其他相关内容的基本法律，但用处似乎不是很大，其实至今都有一些种族方面的差别。再比如，欧洲很多国家的人自由地进入英国，很多英国人对这个很有看法，觉得他们进来以后挤占了英国本土的工作机会。这些现象说明人们之间还是存在民族、种族之间的某些隔阂，并不是很宽容的态度。

朱小蔓：我们最后再来讨论一个问题。您作为一本杂志的主编，国际最重要的道德教育研究专家都在您这里发表过文章，您认为现在最主要的道德教育的理论流派是什么？是否可以列举几位代表人物？您觉得最有价值的、您比较欣赏的流派和人物。

莫妮卡：这是一个很难的问题。自从柯尔伯格去世以后，道德理论有一些变化，尽管很多人仍然在坚持做柯尔伯格道德发展阶段方面的一些研究，但是另外有些人认为这种研究思路本身就错了，认为这一理论的哲学基础本身就不太正确。所以，在我看来，自柯尔伯格去世以后，道德教育理论的主流已经分化了，没有一个理论的主流。不同的人在研究不同的东西，就看你怎么样去理解道德教育研究的发展了：是从心理发展角度还是从工作策略方面？是从学生心理发展角度还是从教师工作策略方面？道德教育研究是指什么？是指对道德发展的评价，还是对道德教育经验的研究？道德发展和道德教育是不一样的概念。

朱小蔓：是的，这些当然是不一样的范畴。在中国学术界，道德发展主要是心理学研究的范畴，而道德教育主要是教育学研究的范畴。

莫妮卡：我认为道德发展更多地要重视环境因素。

朱小蔓：道德发展更多的是指学习主体的道德进步，道德教育更多的是从教育者的立场去讨论问题。不过两个学科的工作不能过于疏离。教育学如果只从教育者立场思考道德教育问题，会变得一厢情愿，效果不好。这几年，我们从孩子的道德学习过程、方式、潜能入手研究，吸收生物学、脑科学、心理学的成果，就是希望对改变道德教育工作者的观念、方法和态度有一些推动。您认为，柯尔伯格去世以后到现在还有没有公认的道德教育的理论流派，您说好像出现了理论的空场，但是在我们看来，除了柯尔伯格，之后出现了女性伦理学家内尔·诺丁斯、吉利根等。她们更多地强调关怀，以关怀为道德哲学的基础，但我不知道是不是被全世界更多国家认同。

莫妮卡：在推崇教育理论方面可能英国与中国和美国是有些差别的。美国和中国有相似性，就是重视个人的权威，比如说某个人提出什么理论，被认为是一种流派，但是英国的文化传统不是这样。比如说我们前面提到的圆圈教学，就很难把它叫作一种理论流派。我们把圆圈教学看成一种做法、一个策略，我们首先明白这个概念，然后再去讲圆圈教学有哪些人物，而不是用人物来代替圆圈这个活动思想。

朱小蔓：我还想了解一下英国当前公民教育的情况。

莫妮卡：在英国，现在公民教育越来越受重视。道德与社会的关系是公民教育三个主流之一、三个主题趋势之一。

朱小蔓：社会与道德的关系？

莫妮卡：对，社会与道德的关系。第二个是个人精神发展与道德的关系，第三个是政治文明问题。

朱小蔓：公民教育的这三个主题都非常重要，它们可以支撑起公民教育的理论框架。

莫妮卡：在学校课程表里你可能找不到道德教育这门课程。在我们这里有学校督导委员会，学校督导委员一般四年一个周期去考察一个学校。他们主要考察学校精神的、道德的、社会的、文化的氛围，然后从中挑出一些要素。根据这些要素，看看学校做得怎样，然后整体性地评价这所学校的德育工作和教育工作。

朱小蔓：这很重要，刚才讲的考察学校精神的、道德的、社会的、文化的方面做得怎么样，这四个范畴每一个还应该再有一些具体指标吧？

莫妮卡：确实有一些指标。比如公民教育有一些指标，在不同年级应该做些什么也有一些指标。9 日（指 2005 年 5 月 9 日）我们为您来伦敦大学举办一个小型道德教育研讨会，我已经请到一个教育部的人，她对公民教育很有研究，也许能给您提供一些案例，如果仍不能令您满意，我们会再给您带一些书籍来。

朱小蔓：非常感谢您。我很想知道这四个范畴分别有些什么具体的指标。除了考察学生发展的指标，是不是也应该包括教师应该做什么，学校应该做什么？

莫妮卡：这是很好的问题，更多的还是重视学生的发展。现在也有很多涉及教师公民教育方面的素质、能力评价的指标，公民教育师资已经用一种资格考试的方式进行评估。

朱小蔓：看来英国对公民教育，以及对公民教育的教师培训很重视，而且把公民教育作为教师资格考试的一个内容。我还要再请教一下，刚才所说的四个范畴的具体指标，这些具体指标是用打分的方式还是用文字描述呢？

莫妮卡：通过文字描述和督导员的观察。

朱小蔓：文字描述能不能区分不同的学校？

莫妮卡：文字描述里面会有一些不同的表述法。督导员是非常有经验的，他们做了很多年的教学工作，有些做过校长，有些是专家，比如数学、科学、语言学方面的专家，他们也接受某些培训。但是具有讽刺意义的是，恰恰来督导精神道德方面的往往是外行，他们并不是这个专业里面的专家。

朱小蔓：数学、语文、音乐、科学，这些学科的督导有明确标准，相对容易评价，但督导道德教育就难了，很少有专门的专家。

莫妮卡：所以督导员在评价时不是说学校道德教育做得怎

么样，而更多地指向教育性的一些经验，学校提供什么样的教育经验给孩子，并不是只关心教了些什么东西。

朱小蔓：也就是说，督导员考察这个学校、评价这个学校不完全是看教了什么，而是看学校为学生提供了让他们经历的哪种经验，这个很有意思。如果 5 月 9 日那位教育部的官员来，希望能够要到她的督导表。这在现在中国的学校管理中是个需要探讨的难题，很多教育局局长也很努力地做了很多评价指标体系，但是，把分数加起来能不能表示道德教育的成就，这是很难说的事情。最后，我想说一点感想。我认为道德教育是教育活动中最难的一个方面，研究道德教育也是教育研究中最难的一个方面。所以，愿意投身于道德教育的人是值得尊敬的，比如您三十年中投入这么多的精力；比如我们这些人也是三十多年坚持做道德教育的实践工作和研究工作，这是很不容易的。道德教育的事业，受社会因素的制约以及它本身的特点影响，其学术成就和水准很难评量，做道德教育实际工作的人也比做其他教育工作的人更难以衡量其工作成就，所以甘愿做这个工作并且取得成就的人不多，世界其他国家可能也有这样的情况。

莫妮卡：很难说他们做成了还是没做成，因为这个很难判断。

朱小蔓：对，很难判断，所以我们只有互相鼓励。不管别人怎么评价我们，让我们互相鼓励，自己给自己打气吧。

莫妮卡：我们的交往和讨论是很有趣的，但我觉得在道德教育领域里面很难回答问题，很难讲出什么东西来，这方面的知识好像还处于积累的初级阶段。

    朱小蔓：您认为究竟是知识处于积累的初级阶段呢，还是因为投身这一领域工作、研究，去发现新知识的人太少，人才太少了呢？我希望未来年青一代中出现一批新的学者，能够关心道德教育研究。道德水准是人类文明进步最核心的标志，从这个意义上来说，投身于道德教育的人都在为人类文明做着崇高的贡献。

    莫妮卡：所以我们也应该鼓励教师经常对自己的实践进行反思，不断提高道德教育的水平。您最近在做什么研究？

    朱小蔓：我正在做的工作是研究、发现儿童如何进行道德学习，进而关注怎么培养对孩子的道德发展有敏感性的教师，我认为这件工作很重要。以前我们总是讨论如何教育孩子，但孩子有没有学习道德的愿望、学习道德的能力以及他们怎么学习道德，我们关心和了解的并不多。

    莫妮卡：这很有意思。我虽然做了三十年道德教育方面的研究，但实际上在回答您的问题时却很不足，有些也可能很不恰当。

    朱小蔓：您过谦了。我提的问题也很浅薄，希望我们还有机会深谈。

她的全部职业人生服务于
人类道德教育研究
——莫妮卡·泰勒印象记

莫妮卡·泰勒是《道德教育杂志》的主编。第一次见到她，是 2000 年在香港中文大学主办的"公民与道德教育"国际研讨会上。她作为一位重量级的大会主讲嘉宾，出现在与会者面前。那次会议，我的导师鲁洁先生也是被邀请的主嘉宾，由此可以想见莫妮卡·泰勒在我心目中的地位。

由于这次机缘，我俩有了之后五次交往。我觉得，中国道德教育学术界的同人最应当感谢她的是，她满腔热忱、不辞辛苦、专心致志地将中国学者的道德研究做成亚洲专刊，介绍给全世界的读者。那是一次中国学者面向国际社会的群体性亮相。长期以来，中国学者由于语言的局限，以及一些其他的原因，其学术作品未能走向世界。曾任香港教育学院校长的汉学家、教育学家许美德教授（加拿大籍）多次说起过她的遗憾和希冀，她说，中国的经济发展为世界瞩目，但中国的教育及教育研究，国外知道的很少。我当面听过她的这番话，并与她讨论过。

莫妮卡·泰勒帮我们跨越了这一步，我们从心底感激她。

为了这期杂志，她不仅两年中与中国作者保持信函、电邮联系，而且三次只身来中国，从约稿到改稿，磨稿子，所有作者都感受到她的高度敬业精神、很强的专业能力以及一丝不苟的严谨作风。我相信，如果每份杂志的主编要付出这样的代价、忘我地工作，恐怕今天的中国没有多少人敢问津这个职位。

对我个人来说，让我感动、感慨不已的是我们在江苏无锡太湖疗养院的那次见面。那是 2004 年 3 月下旬，我在重病手术并经化疗后有一个月的时间在太湖疗养。没想到，莫妮卡·泰勒让南京师范大学道德教育研究所的潘慧芳副所长陪着从南京特地赶来看我。一个外国人，仅见过两三次面，对人有这样的热情、惦记，我相信，这完全是人的善性纯良所致。我们见面紧紧地拥抱，她打量着我，看看我消瘦、苍白的脸，心疼地说："你对工作投入太多了，应当爱惜自己才对。"我们从我的住处散步到太湖边的小路上，谈道德教育，谈她对中国学校的印象，谈健康……许多内容现在都已不记得了，但那种心心相印、温暖体贴的感觉因为强烈，因为打动人心，我们散步的场景迄今清晰如初。

2005 年 5 月，我和教育科学出版社张杰夫同志、博士后刘次林到英国访问。两次经过伦敦，都是她照顾我们。她热情地在网上通知、宣传我们的到来，以她的威望吸引了十多个国家的学者来与我们讨论道德教育问题。她没有忘记，把她亲手编的载有中国学者文章的《道德教育杂志》带到会场，并提前让大家读到我的文章。在那个时刻，我感到她对道德教育的强烈热情和信念，她不放过一点机会讨论道德教育的话题。这个主题真的就是她的生命，她的生活。当然，这里面也有着她对中国人民的友谊，对我的爱。

2001 年，我在南京师范大学任副校长同时兼任教育部人文社会科学重点研究基地——道德教育研究所所长时，举办了一次小型国际学术研讨会——"多元社会中的道德教育"，我们邀请她来做了一次很有思想深度的报告——《价值观教育与教育中的价值观》。报告被翻译发表后，引起学界很多同人的注意和重视。直到今天，我在思考和写作有关价值观问题的话题时，还会不断重读这篇作品。我永远不会忘记在那次研讨会结束时她的一番话："建立道德教育研究所，是我一生的愿望，可惜我建不起来，但中国有了，我真羡慕你们。"

我想，她是一位将自己全部智慧和心血献给人类道德教育事业的伟大女性，她一辈子牵挂着道德教育，在她身处的时代，她为道德教育事业尽了全力。但未来的道德教育会如何呢？新的挑战，新的思维方式，新的应对……我们这辈人已很难想象。

今天，我们是否依然需要教育哲学
——与怀特夫妇的对话

朱小蔓：非常高兴今天在伦敦大学教育学院与你们二位哲学家见面。自从 2001 年在南京师范大学见面以后，我一直希望有一天能在伦敦和你们见面，今天愿望终于实现了。因为你们的教育哲学和道德教育哲学在中国教育学术界已经产生了很大影响。你们知道吗？那年你们在南京师范大学田家炳楼学术演讲厅做报告，有人把你们访问南京师范大学这件事情比作当年美国教育家杜威到中国讲学。当时我是南京师范大学的副校长，我在学校的校务会议上说，应该将怀特夫妇访问南京师范大学看作南京师范大学校史上一件重要的事情。

怀特：很高兴能够在伦敦跟您见面。我知道这是您第一次来伦敦，但是我相信，也希望我们以后还会有更多的机会见面。对中国的访问，对我来说是最愉快的一次记忆，原因主要是亲眼看到中国一切都在飞速地发展，包括南京师范大学的新校区，她非常漂亮。

帕特丽夏：我也非常高兴您来到伦敦。您非常好客，跟其他的教职员工一样热情好客。您带我们参加了南京师范大学教科院本科学生的活动，给我们的印象特别深刻。你们的学生表现得非常好，他们提出的问题很有分量、很有意思，而且他们并没到过英国或者美国，可是他们的英语水平高得简直不可思议、难以相信。

朱小蔓：非常感谢您对我所工作的南京师范大学本科生有这样高的评价和良好印象。他们是教育专业的学生，我想其中不少学生读过您的《公民品德与公共教育》。大概在我们的师范大学里，学道德教育理论的学生多数读过您这本著作。

帕特丽夏：听到这个信息我感到很高兴。

朱小蔓：这次我们到英国来，走访了三所大学的教育学院——伦敦大学教育学院、布里斯托大学教育学院、华威大学教育学院，听了一些研究公民道德教育的专家和政府官员的介绍，得知在英国，公民教育最近五年逐步地开展起来。另外，因为我自己的专业及个人偏好，我们在这次行程中更多的是讨论应当怎样培养一个完整的人。围绕着这个话题，我们讨论各种各样的学术问题。今天这样一个很难得的机会，我建议让我们一起就学校教育如何培养一个完整的人展开讨论。因为怀特教授的《再论教育目的》在中国也是一本有影响力的著作。

怀特：我很高兴，按照我的理解，教育的核心应该就是培养完整的人。但是长期以来，不管是在英国还是在其他国家，学校里面更多地表现为学科化的教育趋向，今天我们要实现转换，转换到对完整人的培养上去。当然也要注意和思考，学校的学科究竟如何培养完整的人。

朱小蔓：中小学校里的分科教育有很长的历史，无论是在中国还是英国，在英国可能时间更长。这种分科教育是人类知识进化及分类的结果，但同时它很容易造成人的片面发展。尤其在中国目前的社会发展阶段，我们正在从一个农业国走向工业国，在这样一个现代化的过程中，虽然在理论上说学校教育应该培养完整的人，但教育制度所体现的筛选功能仍然强于培养完整人的教育功能。

怀特：关于学科化的分科教学，我对分科教育的起源有过专门的研究。为什么会造成分科教育呢？有一种解释，大概是18世纪欧洲有一个宗教的传统，就是一个人需要了解上天的结构，于是他把宇宙分成了数学、科学等学科，这就是我们为什么从经典的教育，如拉丁文等各种人文教育，走向现代分科教育的起源。但是目前来看，我们已经看不到为什么还要保留分科教育的重要理由了，因为当时产生分科的时代是有宗教背景的，但是目前似乎没有什么理由需要保持这种分科的传统。

朱小蔓：分科教学的传统在中国还相当稳固。尽管中国在最近几年推行新的课程改革，已经要求小学和初中比较多地体现课程综合化，但这个综合化的要求在实践中推行并不容易。

怀特：在中国，分科教学的历史大概有多久？这个传统是借鉴西方的还是自己有一个产生的源头？

朱小蔓：现代意义上的分科教学，作为现代学校制度的分科教学是向西方学习的，但是在中国古老的文化教育传统中，孔子的"六艺"在某种意义上也是一种分科，但它不是现代意义上的分科教学。中国现在的学校制度基本上是模仿，主要是模仿欧洲的，是以日本为中介学习德国等欧洲国家。现在有些人认为，中国想要强大起来，快些实现现代化，必须效仿西方的科学主义。在我看来，知识的分化和建立学科，对于人类知识积累是了不起的成就，比中国传统治学方式确有一些优势，但是也有很大缺陷。工业革命时期，欧洲用分科的方式进行教学可以大大提高教学效率，但今天当教育形态和功能不再着眼于培养尖子，也不仅仅为人力资本竞争时，这种科学主义的教学观就应当随之调整了。所以，关于教育要培养完整的人这样一个哲学思想，在新的时代重新凸显。今天不同民族、不同国家的人在理论上都赞成这一思想，但是在具体的教育实践中却很难做到。作为哲学家，不知你们从哲学上怎么分析这种理想与现实的落差。

怀特：1998 年，英国制定了国家课程标准，在这之前，各个学校是可以自己制定课程标准及方案的。1998 年以后，国家课程标准包括十门课程，从 2000 年开始，这一课程体系又确定了一种共同的目标，这个目标就是培养全人、培养完整的人，这个完整的人主要是指在民主社会里的公民素质。关于公民素质的教育，现在我们的课程里已经有了，问题是如何把这个课程落实到实践中，如何使这十门分科的课程与全人教育目标吻合。制定课程的那些人现在也开始关心这个问题，关心怎样使这些学科与全人目标相适应。看起来这条路还很长，要扭转分科教学的弊病是很难的。

朱小蔓：中国从 21 世纪开始进行新一轮课程改革，我们的课程改革所寄托的教育理想可以说体现了中国社会和教育观念的进步。比如说我们在每门分科课程里，都涉及对人的情感、态度、价值观的要求，但是正如您说的，要想全面地真正地推开也很困难。

帕特丽夏：我们现在所说的要让孩子开放思想，具有创造性，具有热情，那么我们要把这些品质放在什么样的科目里面对他们进行培养呢？其实这不是放在某个科目里面可以解决的问题。因为这取决于需要给孩子什么样的经验，给他们什么样的社会活动经历，才能让他们达到这样的品质。这个问题是值得讨论的。我们需要一些活动来提高他们这方面的品质，或者把这些态度落实到教师对学生的态度当中去，因为教师怎么教育学生，教师为人师表所透露出来的那些潜移默化的东西，对学生的品格发展有深刻的影响。我们举个例子来说：护士的工作过去在医院里属于较低层次的工作，医生叫护士做什么护士就去做什么。而护士现在需要做更深层次的工作，需要护士有开放的思想，懂得怎样对待病人，怎样帮助那些行动有困难的病人，对护士的这些要求需要教学上的进步，所以很多护士学校就开始开设这样的课程。但是开设课程后发现仍然有问题。他们把对护士新的要求放在道德教育课程里，结果收效和影响都很小，因为这种与病人很微妙的情感交流是很难在理论学习中真正学到的。所以必须再进一步探索怎样在实践中，从人与人的交流之中得到经验。

朱小蔓：看来这个问题是不同国家都会遇到和面对的共同问题。人类在生活中的经验总是整体的，但是我们在学校里学的知识却是分科的，经验的整体性与分科知识的分割性，这是一对矛盾。还有一个矛盾是分科学习的知识大多是可以测评的，但是生活经验很难通过纸笔测验来反映，这是我们共同面对的难题。特别是现在，当我们还需要通过考试来遴选人才，由考试来决定人的前途的时候，这个事情就很难办了。考试的分数决定人的命运，给教育带来了很大的难题。这里有一个哲学上的问题。哲学家或者哲学告诉我们要建构理想，我们要追求理想，我们要厘清那些经验的东西，把它们清晰化，但是现实生活总是复杂的、多样的。人们常常批评哲学家是乌托邦主义者，是空想主义者，我不知道作为哲学家，你们是如何坚持你们的哲学信念的。

怀特：西方是以基督教为思想基础的，有这样的格言，"爱你的邻居"，这就是强调为别人服务，而把自己放在第二位。我想中国古代的哲学也是一样，主张要考虑、照顾到别人。但这里有个矛盾，既要重视自己的幸福生活，同时又要为了别人的幸福生活，这的确是一对矛盾。所以，现在我们提出要重视共同的利益，就是教育尽量把重点放在帮助人理解共同的利益，在自己和他人之间保持一种合理的关系。

朱小蔓：您用这样一个概念来表达您的哲学思想，教育要帮助人寻求一种共同利益，既要尊重个人独特的个体生命，也要承认他人对自己的重要性。昨天和今天我们在书店里看到，在英国，现在还是有很多哲学著作，我想问一问，你们认为哲学家应该为教育做些什么？在今天，哲学家对教育感兴趣的多不多？他们是否在为教育变得更好而努力？

怀特：我认为目前主要是有两类人做教育哲学。一类是专业性的教育哲学工作者，就像我们。还有一类是一般哲学家，但是他们可能对教育有兴趣或对与教育有关的东西有兴趣，比如说性别哲学、公民哲学等，应该说这是一种很健康的现象。哲学能为教育做什么？我认为主要在两个方面：第一，可以澄清或者清晰化教育中的价值问题，以及这些价值之间有什么关系，它们是如何联系的，这可以看作从伦理层面对教育的贡献；第二，可以从人类的脑、生理与心理结构，或者一些观念的结构，也就是从个人的身心结构去关注和思考，还可以从儿童心理学方面去研究，对儿童的行为、动机和思想进行研究，建立理念架构。这也是教育哲学的工作领域。

帕特丽夏：我们有个教育哲学协会，办得很兴旺。这个教育哲学协会有个很大的功能，它使各个地方的教育哲学研究者聚集在一起，以协会的名义结成一个群体。它还可以形成一种国际性的联系，在这个协会的名义下，与各个国家的教育哲学家形成联系。这个协会还可以资助年轻的教育哲学学者攻读博士学位，给他们必要的资助，使他们能够完成学业。

朱小蔓：你们夫妇是这个协会的主席？

帕特丽夏：我们曾经是，但是新任主席是另外一个人。他现在做了三年了，这个主席也是很开放、很开明的，很支持教育哲学的国际交流。

怀特：教育哲学协会有一本刊物叫作《教育哲学杂志》，这本杂志有一个国际性的编委会，在中国请了金生鈜教授作为编委，处理中国方面的一些事情。还有一个国际性的网络联盟，每两年在不同的国家召开一次国际性的教育哲学大会，大概几年以后，可能是在2008年将在中国的北京召开一次世界教育哲学协会的会议。金生鈜教授、石中英教授会参加，他们两位都在伦敦大学教育学院学习过。

朱小蔓：现在英国研究教育哲学的专家多吗？在哲学家中教育哲学家多不多？

怀特：英国的教育哲学协会大概有500个人，其中包括海外的一些人。英国人中不仅有研究教育哲学的，还有对教育感兴趣的一般哲学家，有三四百人。

朱小蔓：最近这几年教育哲学领域讨论的最主要的议题有哪些？

帕特丽夏：很难说有什么热点或者统一的主题。我自己仍在关注公民教育方面，公民教育涉及的面很广。另外，我也注意一些著名心理学家的思想，讨论其中一些问题。

怀特：现在教育哲学在走向实践化。我曾经在一个地方做过一次讲座，讲座的听众不光是一些研究理论的教育哲学工作者，还有一些学校的教师，我讲了如何看待加德纳的多元智能理论的理论基础。我认为给教师们介绍多元智能的理论基础，实际上也就是向教师推广普及了教育哲学的理论。

朱小蔓：这个很有意思，在中国，加德纳的多元智能理论也非常时髦。

怀特：加德纳的理论在英国一样非常流行。他说孩子对抽象的学习内容很难理解，但是他们有其他方面的才能，像音乐、绘画以及其他各方面不同的才能，那么你可以用不同的学习和教导方式去教育他们。教师应该针对不同学生的特殊才能对他做出不同的反应。其实这个理论我们还没有来得及研究它的理论基础，我们怎么知道它是对的还是错的呢？你凭什么说人的智能是七种还是八种？你是怎么得出这个结论的？为什么没有其他几种呢？有趣的是，这个看似没有什么理论基础的理论其实有很强的实践性。没有什么哲学基础但是很流行，大家很欢迎。

朱小蔓：加德纳开始研究时提出七种智能，后来提出第八种，叫作自然生态智能，以后又提出第九种，就是所谓的道德智能。他自己说几年以后要系统发表关于道德智能的理论，可以找到证据，得出有关人的道德智能的结论。

怀特：他列举这么几种智能是靠对儿童生活的观察，但其实这是不够可靠的。他讲的这几种智能，按照杰恩的观点，更像一种课程理论。因为他是根据不同的课程来分类智能的，并不是心理学的方法，而是对应相应的课程，像音乐、数学、自然等。

朱小蔓：的确，这看起来好像没有什么理论基础，但是它在教师中倒是很流行，对他们很有帮助。英国还有个哲学家，在中国也越来越有影响，20 世纪 90 年代初我曾经引用过他的思想，那就是波兰尼的缄默知识、意会知识、个人知识。他关于个人知识和意会知识的思想现在对中国的教师培训思路有影响。人们现在认识到，教师的很多知识并不是从书本上学的，而是在他的教育实践活动中慢慢地变成他自己的经验，变成个人化的知识，这些知识可能没有被明确地说出来，但是他可以在教育活动中做出来。这种思想影响了中国近些年的教师培训方式。

怀特：近二十年来西方也一直在强调，经验的获得不是公式化的，而是要通过行为和实践学习，它需要靠实践得到。这种思想可能跟波兰尼的缄默知识也是有密切关联的。

朱小蔓：刚才说到师范教育和教师教育在中国目前也处在一个很大的发展转变过程中，一方面，我们越来越重视教师的职后培养，而且更多地依靠在中小学里进行校本培训，这是对教师职业性质有新的认识，教师教育的理念有了进步。另一方面，我还是有点担心，其实教师还是需要哲学训练的，对于一个教师而言，教育哲学对他有什么帮助？你们是如何认为的。

帕特丽夏：我读您和刘次林博士在英国《道德教育杂志》上发表的文章，里面讲到中国学校开展的活动，教师鼓励学生为了奖章去竞争。我的看法是，竞争虽然可能是有帮助的，有利于鼓励学生、激发学生，但是教师是不是对此也应该做一些反思，比如竞争有时候也会有不利的方面，我们是不是也要鼓励学生以一种更加团结的方式来做事情。

朱小蔓：也就是说，教师其实也是需要哲学思考的。教师需要辨别什么是更好的、什么是更健康的。虽然我们认为教师的成长和成熟主要靠他在教育职场中所积累的经验，但是一个教师要想有高超的教育艺术，需要有哲学作为支持。

怀特：我认为竞争跟个人的美好生活要关联起来，但是竞争往往只是少数人取得成功。实际上每个人都可以取得成功，这就要我们对什么是成功重新定义。比如说，不仅仅是学历和有钱就意味着成功，其实我们可以换一种方式来思考成功，你可以成功地成为父母，你可以成功地成为朋友，这都是一种成功的生活。人们更重要的是要培养自己对成功重新定义的能力，使自己成为一个快乐的人、新的意义上的成功的人。

朱小蔓：对一个概念进行重新定义、重新理解，这就是哲学家的使命，这就体现出哲学家的重要性。我们过去对成功的理解是比较狭隘的，不少人认为成功的唯一标准是学业成就。所以对成功这个概念需要重新定义，这就是哲学家的工作。对合作、对竞争都需要重新定义，究竟什么是健康的竞争也需要重新定义。

帕特丽夏：在英国，现在的竞争很激烈，人们为了各种各样的财富、利益竞争，所以学校的教师都有意识地培养学生合作的态度。我不知道在中国的文化传统中，教师是不是更多地倾向于培养学生的合作品质。

朱小蔓：由于中国正在经历巨大的社会转型，所以竞争日趋激烈，资源和利益的分配都有了重新调整。中国独生子女家庭对孩子格外地关爱，有的甚至是溺爱，现在城市里一些独生子女的自我中心倾向比较明显。所以在我们现在的道德教育中，同样很强调要加强培养与人合作的品质，与人共处的品质，因为他们将来要过公共的生活。

帕特丽夏：中国和英国看来面临同样的一对矛盾，当我们在培养一个人的时候，我们更多地培养他个人的竞争能力，但是一旦到了社会上各个机构，他更希望在自己的群体里面有一种合作感、一种团队精神。

朱小蔓：在学校教育中怎么处理这样一种矛盾？它们之间是一种相互对立和紧张的关系，一方面要培养人的自主性、独立性、批判性，另一方面又要培养人的合作和友谊，这样两种相反的倾向在个人身上怎么培养，这是相当需要教育艺术的。

怀特：这是个矛盾，这得有一个转变的思路。

朱小蔓：不知道现在英国有哪些哲学流派是大家比较喜欢的，比如我在大学给研究生讲教育哲学就有自己的偏爱。我更多地介绍古典形上哲学，也一般性地介绍过分析哲学、语言哲学。现在我们比较关心现象哲学和诠释哲学。在英国的教师教育当中，哪一些哲学流派更被教师喜欢呢？

怀特：非常不幸的是，现在我们的教师不太接受哲学了。大概在三十或者四十年前，我刚刚来伦敦大学工作时，彼得斯教授是我的前辈，他曾经把哲学课放在教师培训里，但现在这种情况不多了。现在对教师有影响的教育哲学可能是能够帮助他们对教育当中的一些价值做一些反思的哲学思想或一些方法论，比如说如何看待教师的权威，如何看待惩罚，开设什么课程等问题，主要用分析哲学的方法来思考这些问题。大概在二十年前撒切尔执政的时候，她断掉了教育哲学方面的一些经费，所以教育哲学从那个时候开始就已经萎缩了。

朱小蔓：这一段话说得比较清楚，就是关于教育哲学在英国的教师教育中的影响说得比较清楚，彼得斯是重视师范教育中的教育哲学课程的。现在好像人们更加关心教师怎么做，或者说更关心的是一个一个的具体主题，而不是像过去那样重视哲学体系。现在更加重视一些具体的哲学主题，我认为这还是有一定道理的。之前我们和华威大学的彼得·朗教授也讨论过这个问题，现在的教师可能更关心具体的主题，而不是哲学体系，这也许是某种进步。不过我通常把它看作既是进步也是退步。进步在于我们可能找到一种适切教师职业的哲学，但缺点在于现在的教师可能系统读书不够，他们的文化修养不够。

帕特丽夏：出现目前这个情况可能有经费方面的原因。学校办学经费不足，教师又忙又累，没有更多的时间来做这种反思。在美国也是这种情况，没什么差别。我认为应该有更多的经费资助中小学办学，使教师能够有更多的闲暇来读书和思考。所以我说这其实更是一个政治问题。

朱小蔓：在目前中国的中小学，教师对学生的课程教学和智育方面的任务很重、责任很大，家长对教师的期望也高，所以教师的工作压力和心理压力很大。

怀特：我觉得很奇怪，我们一方面通过竞争使孩子活得那么累，另一方面也通过竞争把教师搞得那么累，这究竟为了什么呢？生活应该是充满乐趣的，结果我们通过种种的努力使人没有乐趣了。

朱小蔓：这就是哲学家要追问的终极的关怀、终极的目的是什么，人究竟为什么活着。

帕特丽夏：既然需要更多的哲学家给人们敲警钟，那么我们也应要求政府更多的经费支持，让我们有时间来做哲学思考。

朱小蔓：作为教育者，我们希望多一些聪明的人去学哲学，希望有更多的优秀哲学家倡导社会的进步、社会的健康发展。可是现在的年轻人不愿意学哲学，他们觉得学哲学不能挣到钱，没有经济效益。我们相信哲学是很有用的，哲学家是很重要的。这个社会、这个世界如果没有哲学，那很难设想，因为有了哲学能力就可以批判，有了哲学能力就善于思考，有了哲学能力就可以想象和探索建立更美好、更理想的社会，所以我觉得哲学和哲学家是很重要的。

怀特：非常赞同您的观点。

帕特丽夏：其实我们可以期待教师做一些思考，即对教育活动中碰到的问题退后一步思考，心理上有个准备，把这样的思考带到怎样教育学生去合作，怎样教育孩子去竞争的实践中，也就是从更深层次的思想和角度来考虑问题。如果把这种思想渗透到所有的教育当中，可能就会对教育产生推动作用。在当下特定的情境中，有时我们不能有很明确的想法，而要退后一步将这个问题看得比想象中更复杂一些。我们可以经常试着这样去思考。

朱小蔓：这正证明了哲学对教育非常重要，哲学对教师非常重要，有了哲学思考的意识和习惯，就可以有更深邃的思考来判断什么是更重要的，以及应该怎么做事情。

怀特：如果让哲学来左右和影响教师，这个工作量很大，投入也很大。我想比较好的一个办法就是首先让哲学影响决策者，这是一个既省钱又有用的办法。这二十年来我们就是尝试通过哲学去影响那些做决策的人。

朱小蔓：七八年前我也萌发过这个想法。我想现在这个急速发展变革的时代，"行动的哲学"比体系化的哲学更值得提倡。我开始把自己在大学里给博士研究生开设的教育哲学调整为"教育改革的哲学思考"。最近几年，我主持的几个教育项目一般都采用将官员、学校校长与学者三类人组合在一起的方式，大家讨论共同的问题，期望发挥并体现出思想、政策与执行者的互动。我个人也从这种研究方式中获益很多。这大概也就是我觉得不能放弃我们对哲学的信念，但同时也可以改变做哲学的方式。你们的两本代表性的著作在中国有很大的影响，不知道你们最近有没有什么新作，以及你们最近用哲学来思考教育遇到了什么问题？

怀特：我在写两本书，一本是关于智商的调查，研究人的智力与遗传，包括与基因因素的关系，从精神的方面解释智商调查。另一本是一本文集，标题叫作《课程与儿童》，刚好和杜威的《儿童与课程》的标题相反。

朱小蔓：《课程与儿童》，这与杜威的《儿童与课程》名称相近，但是您为什么做这样一种调整呢？

怀特：这只是一本书的名字而已，没有太多其他的意思。如果说杜威的那本书主要是探讨儿童如何适应课程的，那么我这样取名则是想表达所有的课程都是为了儿童。

朱小蔓：这是更加彻底的人本主义。我非常尊重你们二位哲学家的工作，学教育的人都读过杜威的著作，看来你们所做的哲学工作与杜威的哲学思想也有一定的连续性，并且对现在新的时代问题做出了基于产生新知识之上的哲学的回答，你们的工作是很卓越的。

怀特：谢谢。

朱小蔓：回过头来，我还想再谈谈对帕特丽夏的《公民品德与公共教育》一书的感受。我这次来英国，因为准备拜访你们，就把这本书带在身边了。我清楚地记得，几年前您到南京师范大学，在道德教育研究所讲学时，使用"公民德性"这一概念。您认为，公民德性是受过教育的人在一个民主社会中更好地发挥作用所需要的。而过去，在我的心目中，是把公民品德与个人德性做区分的。那次讲学，让我对这两者的交集有了新的感觉。另外，我感觉您使用"民主品质"似乎有宏观与微观之分。宏观上，民主是"自由、正义和尊重个人自治等价值观最适当的体现"；在微观上，您形容民主是"对充分地实现和维持一种生活方式的希望，在这种生活方式中，每一个人都有机会在通常的公民自由的框架内，借助和平的环境和充足的资源，靠自我创造达到他或她的最佳能力状态"。

帕特丽夏：我很感动您这么在意我的这本著作，还记得我在南京师范大学的演讲。的确，我愿意对那些实现民主所必需的德性做出一些哲学的解释，尽管还不够精深。

朱小蔓：您提到的公民德性有希望、勇敢、自尊、友谊、信任、诚实和庄重。我相信，这些品质与中国文化中对公民德性的要求有很多是相同或相近的。当然也会有许多不同，强调的重点或侧重点不同。我更感兴趣的是，您不仅是哲学家，而且很有教育家情怀。您所阐发的那些公民德性，作为特定的品质，您相信它们是教师能够在学校中模仿和"例示"的。这让我增加了教育工作者在公民教育上可以有所作为的信心。

帕特丽夏：是的，刚才我们也说到，哲学家有不同的类型。我们是愿意讨论教育问题的。我一直坚信，教师既应该帮助学生形成适当的公民德性，也应该帮助他们理解这些德性。

朱小蔓：您认为，课堂上每个人都有创造自己的德性故事的需要，那些故事将成为他们日常生活的"有益的虚构作品"。您认为，自尊是训练民主公民的一个必要条件，所以您希望教师不断地鼓励学生进行"自我创造"的活动。

帕特丽夏：是啊，所以我们很想研究课堂上的道德对话，这种道德对话的质量很重要，对教师是很有挑战性的。

朱小蔓：您用文学语言描绘这些品质的特征，比枯燥的哲学论证更有趣、更有魅力。还有，您对"道德礼仪"这种德性给予很高评价，也让我很有兴趣。中国古老的道德礼仪十分厚重，其中那些优秀的东西，如礼貌、善意、谦恭、忠诚等，您也都是肯定的。我想，这是人与人形成联结的必要的条件。这些道德品质，有些可称为"道德习惯"，我相信，家庭与学校教育是一定可以有所作为的。时间不早了，非常感谢你们二位与我有这么长时间的讨论。希望这不是最后一次。

怀特：我们也这么想。

教育哲学思考是他们一生的挚爱
——怀特夫妇印象记

约翰·怀特教授是英国伦敦大学教育学院教授，著名教育哲学家。知道他是从读他的《再论教育目的》开始的。不过那时对教育哲学知之甚少，对怀特教授的学术价值与贡献也就谈不上有什么认识。

2001年，我在南京师范大学供职期间，正值被教育部批准的人文社会科学重点研究基地——道德教育研究所成立，我们有幸请到约翰·怀特夫妇来所访问，我对他的认识才渐渐加深。他有着典型的学者气质和绅士风度，目光炯炯但又不失柔和，因此并不给人大学者那种很严肃和神秘的感觉。

他在道德教育研究所介绍了他几十年研究的关注重点。我们针对他的《再论教育目的》做了一些提问。具体讨论了什么早已经淡忘了，但有一点是印象深刻的，即他长期的专业兴趣，这是一个对于教育而言的宏大的哲学问题，即教育是为什么而存在的，它应该有什么样的目的才是合适的，讨论教育目的背后的伦理价值是什么，以及在学校课程中该如何实现这些教育目的。

时隔几年后的 2005 年，我已调至中央教育科学研究所工作。作为与英国布里斯托大学教育学院合作的"中学生学业成就增值性评价"研究项目的一部分，我第一次去英国访问，第一站先到伦敦大学教育学院，于是有了与怀特夫妇重逢的机会。

从 20 世纪 70 年代初他撰写《走向必修课程》，到译介至中国的《再论教育目的》，还有《教育和美好生活：超越国家课程》，二十年来，怀特教授的思想一直聚焦在个人美好生活上，也被称为个人幸福上。他一直认为，个人幸福是教育的基本概念。什么是教育？如果不是帮助学生过上丰富多彩的美好生活，并帮助其他人也过上这种生活，教育还能够是什么呢？

可贵的是，他做教育哲学研究，绝不仅停留在形而上学层面，他的思考从一开始就关注学校、关注课程、关注儿童，并总是将讨论的思路、触角伸向儿童实际的生活。1988 年，英国出台国家课程。不久，他发现全国学校执行的国家课程普遍缺乏一种对教育目的的考虑。于是他将自己的大部分研究指向这一问题，陆续出版了《面向所有学生的国家课程：为成功奠基》《新的国家课程会辜负它的教育目的吗？》，编著了《学校课程的重新思考：价值、目的和作用》等。显然，他是一位极富社会关怀心的学者。

2001 年怀特教授造访南京师范大学时，正值台湾教育哲学教授黄藿应邀在道德教育研究所做访问学者。那天，在南京师范大学田家炳教育书院大楼的学术会议厅举行了对怀特教授的欢迎仪式暨学术报告会。坐在会场一角的黄藿教授不紧不慢地起身发表了他的现场感受。他将约翰·怀特的访问比作20世纪20年代杜威访华一样的重要历史事件，其理由之一是，约翰·怀特因为有重要的教育哲学贡献，与一批大学者比肩，被列为"影响世界的50位哲学家"。当时，他的这一比喻让我有些惊诧，不仅因为怀特的突出成就，同时也为因我的读书不够、见识不足和浅薄。

他的夫人帕特丽夏·怀特也是一位卓有成就的教育学者。她撰写的《公民品德与公共教育》一书1998年由教育科学出版社出版，一直是我的学生研修品德教育的必读书。她致力于探索那些"把人们维系在一起，讲究文明，讲究以一种民主的生活方式共同生活、相互影响的一些品德和素质"。在她那本著作中，她探讨了希望、信任、勇敢、自尊、自爱、友谊、依赖、诚实和正派等品德。最主要的是她以深入反思的方式，期望人们理解一所学校要成为民主的学校意味着什么。

与她先生相比，帕特丽夏的写作更多地使用文学和日常生活的例子，她以过人的想象力和从中小学教师那里获得的经验来表达她所理解的公民品德和素质的内涵，认为"毕竟教师的许多时间都花在怎样应用自己的知识和经验去解决伦理和公民教育中的困难问题上"，因此，这种宝贵的职业眼光一定要带到关于公民培养的讨论中来。

与哲学家通常撰写的那种冷静、理性、高度逻辑化的文字相比，她对伦理生活的描写很亲切，一点也不枯燥。

当我着手整理、出版这对哲学家夫妇与我的对话记录时，夫妇俩热心、诚挚地给我来信，进一步向我介绍他们的研究脉络、持续关注的重点，帮助我更完整地理解他们杰出的成就和幸福的学术人生，也大大丰富、延展了这份"对话"的内容。我由衷地感谢他们的诚恳和善意。

附：怀特夫妇给朱小蔓教授的信

约翰·怀特教授给朱小蔓教授的信

我很高兴看到朱小蔓教授这本书的出版。2002 年，我曾在南京师范大学首次见到朱教授，2005 年在她访问伦敦大学教育学院的时候，我很高兴又重新见到了我的老朋友。其实，我和中国的联系要追溯到 20 世纪 80 年代末。如今我在中国已经结识了不少教育哲学方面的学者。我目前是伦敦大学教育学院教育哲学方向的名誉教授，我在那里的全职工作从 1965 年开始，一直做到 2000 年退休，退休后，我一直还在那里用业余时间工作。在 1965 年之前，我在英国和法国的中学和大学教了七年书。

一直以来，我的兴趣点是关注学习者的思维，特别是关注教育目的以及教育目的在课程中的应用这两者的关系。

对于前者，我出版了第一本真正意义上的著作《儿童的思维》，这本书以哲学的视角探讨了思维的本质和它的各种功能，如思考、概念形成、智力、想象、动机、情感等。这本书的主要目的就是考察哲学之光可以对教育中的这些心理现象发挥什么影响，看看这些心理现象如何得到最佳发展。

从 2002 年开始，我在思维方面的作品都是关于智力的了。我主要是从两条线路调查研究的，第一条路线就是继承了我的那本小书《霍华德·加德纳的多元智能是叠加的吗?》的主旨。从 2002 年起，在整个世界范围内多元智能理论在学校改革运动中变得更加流行，这促使我对它进行更加全面的批判。这个思考刊载在霍华德·加德纳的一本书里面，这本书叫《多元智能探奇：第 16 个观点》。

第二条路线可以从我最近的书《智力、命运和教育：智力测试的思想基础》中看出，在这本书里，我从一般智力的传统观念和智商的练习开始追述，直到其激进的基督教新教的宗教根源。令人惊讶的事实是，在该领域的许多先驱包括高尔顿、皮尔逊、伯特、戈达德和特尔曼都具有后清教徒的思想背景。

我的主要专业兴趣都在这样一个宏大问题上，即教育应该是为什么的，它应该有什么样的目的才是合适的，教育目的背后的伦理价值是什么，以及在学校课程中如何实现这些教育目的。这些都体现在《走向必修课程》《再论教育目的》《教育和美好生活：超越国家课程》等一系列著作中。这二十年来，我的思考聚焦在个人美好生活上，它也被称为个人幸福。我一直认为，个人幸福是教育的基本概念。教育如果不是帮助学生过上丰富多彩的美好生活，并帮助其他人也过上这种生活，那教育还能够是什么呢？

在 20 世纪 80 年代中期以前，很少有哲学作品关注个人的幸福。我早期对幸福的研究局限于把个人幸福理解为个人主要欲望得到满足时的主观感受，是个人对全部欲望的反映。后来的研究，受格里芬、奥尼尔，特别是拉兹的影响，已经从个人相对主义的方向转向社会文化对个人幸福感的影响。我的一些关于个人幸福和其他主题的论文收录在《课程与儿童：约翰·怀特文选》中，这本书中关于幸福感的研究是《教育和工作目的：工作和学习的一种新哲学》这本书的观点的凝结。

《课程与儿童》这本书收集的文章是关于学校课程及其教育目的，也包括像这样的问题：学校的教育目的和课程应该由国家决定还是由教师决定？自 1988 年以来，我的大部分研究一直被这样一个事实所推动，即在那一年全国学校执行的国家课程普遍缺乏对教育目的的考虑。这些情况发生在英国，其他一些国家也同样面临这个问题，也许还包括中国。大家的传统课程观认为，像母语、数学、科学、历史、地理、美术、音乐、体育、外语这些独立的课程是学校理所当然的课程内容，也是接受良好教育的理所当然的内容。但是，一旦我们以更多样的教育目的来考量它，就会出现严重问题。要制订更合理的课程计划，我们首先要确立一套经得起考验的教育目的，然后再设计哪些学科能够最好地实现这些目的。这些学科也许全部或部分地包括或不包括那些传统学科，还可能包括一些实践项目和全校课程。我在一些著作中表达了这些想法，如《面向所有学生的国家课程：为成功奠基》(合著)，《新的国家课程会辜负它的教育目的吗?》(合著)，以及我编辑的《学校课程的重新思考：价值、目的和作用》。

对于未来，我现在已经开始着手但还没写的另外一本书，是围绕教育目的及个人幸福生活的伦理基础。以全球的眼光来看，我们的世界实在是很小，五十年以后它会变得更小。一个国家所面临的教育问题也将越来越成为其他国家所面临的同样问题。我们有太多的东西需要彼此学习，我期待以后能够和更多中国的哲学家和教育家就共同关心的话题开展富有成效的交流。

帕特丽夏·怀特教授给朱小蔓教授的信

朱小蔓教授在 2005 年访问伦敦大学的时候，我很高兴和她讨论了政治和道德教育、公共教育及其学校实践等话题。这在很多方面可以说是延续着我多年以来与南京师范大学、上海师范大学和北京师范大学的中国同事以及他们的学生进行的交流对话。我们在一起探讨好公民是如何培养的，为什么会出现一个好人却是坏公民，或者反过来，一个坏人却是好公民的现象，探讨学校在塑造公民的过程中应该扮演什么角色，等等。

我很荣幸借此机会介绍自己这些年对公民教育研究的背景。20 世纪 60 年代初期，我就已经对政治教育感兴趣了。很明显，所有的社会都要从政治上塑造人。我一直在思考，一个民主的社会，一个旨在造就公民而不是臣民的社会，究竟需要一种什么样的教育。

我写的第一本书叫作《超越控制：论教育的政治哲学》。在这本书里，我关注的是民主社会所具有的制度和政策，以及人们在民主社会中所需要的民主知识、民主实践。随着时间推移，我发现，公民的素质与公民对法律、制度以及政策结果的理解同样重要。因为，对政治系统的知识和理解可以被引导至对政治目的的颠覆。我们需要的是有民主品质的公民，他们与政治制度能够同心同德。所以我写了《公民品德和公共教育》一书。1998年，它被翻译为中文并由教育科学出版社出版。它对大量的素质或公民道德，如勇敢、信任、诚实做了研究。这些素质，学校不能仅仅通过讲授去培养，而是要通过学校的精神和实践来塑造学生的思想和行为。

我把自己的研究兴趣继续放在道德和政治哲学方面，关注它们对教育政治和政策的影响，继续探究由公民道德教育理念所生发的主题。我研究感恩，因为感恩不只是一种政治美德，更重要的是它是一种能够凝聚民主社会的态度。最近，我对基督教传统里的"宽恕"也做了思考。社会之内或者之间发生冲突以后，宽恕对于恢复社会稳定、重建合作精神都是非常重要的。当然，如果在政治领域，宽恕的价值也许值得怀疑。特别是在价值多元的社会里，"和解"也许更值得关注。

在20世纪90年代后期，我非常荣幸与保罗·赫斯特教授编辑了一套四卷本的教育哲学文集——《教育哲学：分析传统的主题》。第一卷的主题是哲学和教育学。第二卷的主题是教育和人类，内容包括人的素质、自主、教育和思维的发展、智力、情感、想象力以及需求、兴趣和幸福。第三卷的主题是社会和教育，收集的文章反映了民主、正义、权利以及对女权主义、马克思主义和后现代主义的看法。最后一卷是关于教育内容和实践的问题，对教育内容发生争议的观点，包括道德教育的本质、艺术在教育中的地位、批判性思维；也有对教育实践问题的哲学思考，如教学、讨论法、竞争以及学业评价的道德问题。这套丛书的一个重要的特征是它从世界范围内选择作者，并且让不同观点相互争论。

我是在中学做了几年教师之后，才开始研究教育哲学的。自从1965年以来，我一直在伦敦大学教育学院工作，为各级学生（从学士、硕士到博士）开设教育哲学课程。目前，我是教育哲学方向的研究员，主要工作是指导学生进行研究。同时，我也广泛地与国际学者做学术交流，像中国、比利时、加拿大、丹麦、日本、荷兰、波兰、瑞士，都有学者与我做教育哲学的交流。

这些年来，我作为英国教育哲学学会的会员，经常利用学会的平台讨论、交流学科的最新观点。多年来，每年的3月或4月，英国教育哲学学会的年会都会在牛津召开，在那里，我们有机会与国内外同行分享观点。我过去曾是该学会的主席，现在是学会会刊《教育哲学杂志》编辑委员会的成员。